W0330431

100 Dinge…

Der offizielle Ausflugsführer von antenne NIEDERSACHSEN

…die man in Niedersachsen getan haben muss

Denise Haarstrick-Rump, Johanna Ohlau, Sabrina Ege

BRUCKMANN

Inhalt

Vorwort

»Von der Weser bis zur Elbe,

von dem Harz bis an das Meer …«

… gibt es jede Menge zu entdecken.

Wandern im Wattenmeer, Mountainbiking im Harz, Abenteuer genießen im Freizeitpark, Staunen in prachtvollen Burgen und Schlössern, Geschichte erleben in spannenden Museen …

Niedersachsen hält jede Menge Orte bereit, die entdeckt werden wollen – und jede Menge Dinge, die getan werden müssen. Hand aufs Herz – wie viele interessante, außergewöhnlich, aufregende Orte und Dinge in Niedersachsen kennen Sie bereits?

Wir von Antenne Niedersachsen haben gemeinsam mit unseren Hörern »100 Dinge, die man in Niedersachsen getan haben muss« zusammengestellt und freuen uns, Ihnen diese mit diesem Buch präsentieren zu können.

Übrigens: Wir freuen uns über jeden neuen Tipp!
Schreiben Sie uns unter »tipps-fuer-niedersachsen@antenne.com« und gestalten Sie mit uns die nächste Ausgabe.

Niedersachsen steckt voller Überraschungen – viel Spaß beim Erkunden wünscht

das gesamte
Antenne Niedersachsen Team

antenne
NIEDERSACHSEN

Anfahrt Die Einhornhöhle ist über die B 27/B 243 über den Ortsteil Scharzfeld in Herzberg (Anschlussstelle Göttingen-Nord von Süden bzw. Seesen von Norden) mit dem Auto zu erreichen. Vom Bahnhof Scharzfeld läuft man in einem 20-minütigen Fußmarsch zur Höhle.

Informationen GeoPark Infozentrum, Haus Einhorn OT Scharzfeld, 37412 Herzberg am Harz, Tel. 05521/99 75 59, www.einhornhoehle.de.

Eintrittspreise: Erwachsene (ab 16 Jahre) 8 €, Kinder (6–15 Jahre) 5 €, Kleinkinder (bis 5 Jahr 2 €; Rabatt ab einer Gruppengröße von 20 Per nen. Das Haus Einhorn direkt am Höhleneinga kümmert sich mit warmen und kalten Speiser und Getränken gern um Ihr leibliches Wohl.

Öffnungszeiten Sommersaison: 1.4.–29.10.2017, Di–So 11–17 Uhr, letzte Führu 16 Uhr.

Die Einhornhöhle bei Scharzfeld besuchen

1

Die Einhornhöhle liegt nördlich von Scharzfeld im Landkreis Osterode. Zugegeben, schon im 17. Jahrhundert haben Forscher herausgefunden, dass es sich bei den Funden in der Höhle um Knochen von Höhlenbären handelte und nicht um die Überreste der sagenhaften Einhörner. Dennoch hat die Höhle nichts von ihrem Reiz verloren.

Direkt vor dem Höhleneingang steht jedenfalls ein großes Einhornskelett. Hierbei handelt es sich allerdings um eine Eichen-Statue, die ein Künstler anhand der rund 300 Jahre alten Zeichnungen von Gottfried Wilhelm Leibniz anfertigte. Dieser dachte damals, auf ein Einhornskelett gestoßen zu sein – das sich später aber als die Überreste eines eiszeitlichen Bären herausstellte.

Der Mythos bestand schon vor rund 2000 Jahren: Bereits Caesar schickte seine Soldaten in den Harz, um die Einhörner zu finden. Ab dem Beginn des 19. Jahrhunderts war die Illusion von den weißen Fabelwesen aber endgültig Geschichte. Doch die Grabungen waren noch lange nicht beendet: Der Mediziner Rudolf Virchow aus Berlin suchte z. B. in dem 270 Millionen Jahre alten Gestein nach Knochen und Werkzeugen eiszeitlicher Menschen.

Wie die fantasiereichen Höhlen-Geschichten zustande kamen, wird jedem deutlich, der sie betritt. Optischer Höhepunkt ist die Blaue Grotte: Der Besucher geht aus einer dunklen Höhle direkt auf einen Sonnenstrahl zu – der Nebel taucht diesen nachmittags oft in ein tiefes Blau, was der Höhle zu ihrem Namen verhalf.

In der mystischen Höhle kommt es schnell zu neuen Gerüchten: In den Tiefen können Sie die Gesänge von Walen hören! Und zwar beim Klang-Event, einer Neuheit im Programm. Dazu laden die Betreiber jeden ersten Freitag im Monat ein. Mit Klangschalen und Gongs werden »stehende Wellen« erzeugt, die den schwingenden Lauten der großen Meeressäuger zum Verwechseln ähnlich sind – eine Akustik, die Sie faszinieren wird und die Sie auf keinen Fall verpassen sollten!

Anfahrt Butjadingen finden Sie auf der Karte zwischen den beiden Hafenstädten Wilhelmshaven und Bremerhaven, etwa 80 Kilometer nördlich von Bremen. In Butjadingen selbst gibt es keine Autobahn – die letzten 30 Kilometer führen über Landstraßen hin zu den bekannten Küstenbadeorten Eckwarderhörne, Tossens und Burhave.

Information Matthias Schulz, Zum Leuchtfeuer 118a, 26969 Butjadingen-Süllwarden, Tel. 04736/10 20 10; www.wattwanderung.de, info@wattwanderung.de. **Eintrittspreise:** Erwachsene ab 16 Jahren 5 €, Kinder 3 €.

Wattwandern in Eckwarderhörne

2

Hoch im Norden liegt die wunderschöne Nordsee, die Urlaub und Erholung garantiert. Selbst ein Kurztrip lohnt sich deshalb immer. Die UNESCO erhob 2009 unser Wattenmeer zum Weltkulturerbe und reihte damit das größte Feuchtbiotop der Welt in die gleiche Liga wie den Grand Canyon oder das Great Barrier Reef in Australien ein.

Am nordöstlichen Zipfel vom Jadebusen liegt die Halbinsel Butjadingen mit dem beschaulichen Örtchen Eckwarderhörne. Von hier aus können Sie zu einem unvergesslichen Tag in den Nationalpark Wattenmeer starten. Matthias Schulz ist ein erfahrener Wattführer und bringt Sie sicher durch das »trockene Meer«.

Schon der Einstieg ins Wattenmeer ist ein wahres Erlebnis. Etwas unsicher begibt man sich auf den Meeresboden, der noch vor ein paar Stunden mit Nordseewasser bedeckt war. Wattführer Matthias warnt ganz deutlich davor, auf eigene Faust ins Wattenmeer zu gehen – denn die Flut kann einem innerhalb von Minuten den sicheren Rückweg versperren! Nebenbei kann Ihnen ein Wattführer auch Dinge zeigen, die Sie allein wohl völlig übersehen hätten. Klar, die Muscheln erkennt man mit bloßem Auge. Aber Wattwürmer? Dieser gekringelte Haufen sollen Würmer sein? Ja, die bewegen sich. Matthias nimmt eine Handvoll hoch und zeigt die quicklebendigen Würmer, die so wichtig für das Ökosystem Wattenmeer sind.

Dann geht es zügig weiter, raus zum Jadefahrwasser. Dort kreuzen nur wenige Meter von uns entfernt Fischkutter, die sich aufmachen, um fette Beute heimzubringen. Langsam wird es auch Zeit, den Heimweg anzutreten. Noch fix ein paar Fotos fürs Album gemacht und dann wieder festen Boden unter den Füßen spüren!

Die Familienwanderung verläuft über eine Länge von zwei Kilometern und ist somit für Kinder genauso geeignet wie für Erwachsene. Und mit einem speziellen Mobil ist es auch für Gehbehinderte kein Problem, das Watt kennenzulernen.

Anfahrt Das verrückte Haus liegt direkt an der A 7 zwischen Hamburg und Hannover. Von der Abfahrt Bispingen aus können Sie es gar nicht mehr verfehlen, es steht direkt am Kreisverkehr.

Informationen Das verrückte Haus Bispingen, Horstfeldweg 1, 29646 Bispingen, Tel. 0160/92 19 26 76, www.dasverruecktehaus-bispingen.de, info@dasverruecktehaus-bispingen.de. **Eintrittspreise:** Erwachsene 6 €, Kinder (4–14 Jahre) 4 €, Kinder bis 3 Jahre frei, bei Gruppen ab 20 Personen 4 €/Person.

Öffnungszeiten März–Oktober täglich von 10–19 Uhr, November–Februar täglich 11–17 Uhr geöffnet.

Das verrückte Haus in Bispingen besuchen

3

Da bauen Menschen ein Haus. Von außen mit Holz verkleidet, mit schwarzen Dachziegeln und weißen Fenstern. Ein ganz normales Haus – doch dann kommen zwei Riesenkräne und stellen es auf den Kopf. So geschehen im März 2011 in Bispingen. Das Haus steht genau auf der Dachspitze und wartet darauf Sie »aus dem Gleichgewicht« zu bringen.

Sie sehen es schon von weitem, wenn Sie von der A 7 Hannover–Hamburg abfahren: das verrückte Haus, das auf dem Kopf steht. Und doch werden Sie nur vage erahnen können, was Sie im Inneren erwartet …

Der Besuch im verrückten Haus beginnt – wie sollte es anders sein – im Fenster des ersten Stocks. Schon beim ersten Schritt hirein wird klar: Hier ist nichts normal, alles verdreht und irgendwie komisch. Schränke, Tische, Pflanzen, ja selbst die Zahnputzbecher im Bad und das Spielzeug vom Hund kleben an der Decke fest. Oder sind es doch Sie, die an der Decke haften?

Bei so vielen verrückten Eindrücken wird einem ganz schwindelig. Und das kommt nicht von ungefähr: Die Bispinger haben ihr Haus nicht nur auf den Kopf gestellt – eine zusätzliche Längs- und Querneigung von sieben Grad stellt das Gleichgewichtsgefühl auf eine harte Probe. Bei 99 Prozent der Besucher klappt das Verwirrspiel – versichern die Hausbesitzer.

Und als wäre das nicht schon genug Aufregung für Ihre Augen, Ihren Magen und Ihren Gleichgewichtssinn, hängen an den Wänden auch noch Zerrspiegel, die Sie mal groß, mal klein, mal dick, mal dürn erscheinen lassen. All das können Sie sich nicht vorstellen? Richtig, das müssen Sie gesehen haben!

Leeren Sie vor dem Besuch unbedingt die Speicherkarte Ihrer Kamera, denn im verrückten Haus wird ein komischer Schnappschuss auf den nächsten folgen! Ob Sie im Kopfstand im Kochtopf stecken oder im Schneidersitz an der Decke kleben – es strengt Sie noch nicht einmal an, und der Effekt auf den Fotos ist überwältigend.

Anfahrt A 7 Richtung Göttingen bis Abfahrt Göttingen-Nord und weiter auf der B 27 Richtung Göttingen-Holtensen fahren.

Informationen Saline Luisenhall GmbH, Greitweg 48, 37081 Göttingen, www.siedesalz.de, info@siedesalz.de; Ticket ausschließlich buchbar über die Tourist-Information Göttingen, Tel. 0551/499 80 31, tourismus@goettingen.de. **Eintrittspreise Solebad:** Erwachsene 16 €/Std., 10er-Karte 144 €, Kinder 11 €/Std., 10er-Karte 99 Massagen ab 29 €/20 Min.

Öffnungszeiten Führungen mit Einze tickets jeden 3. Freitag im Monat um 14 Uhr; Gruppenführungen sind jederzeit möglich.

Die Saline Luisenhall in Göttingen besichtigen

4

Salzgewinnung hat in Niedersachsen eine lange Tradition – hier gab es viele Salinen. Warum Sie aber unbedingt Luisenhall in Göttingen besuchen sollten: In der Pfannensiederei wird noch heute Salz wie vor 150 Jahren gewonnen. Ihnen bietet sich ein lebendiger Einblick in deutsche Industriegeschichte.

Entdeckt hat das Salzvorkommen Mitte des 19. Jahrhunderts der Geologe Philipp Rohns. Im festen Glauben an einen lukrativen Fund ließ er im Jahr 1854 eine Saline errichten und begann mit der Förderung der Sole. Trotz einiger Anlaufschwierigkeiten hat sich die Pfannensiederei bis heute gehalten und ist inzwischen zum europaweit einzigen noch laufenden Betrieb aufgestiegen. Tradition statt Innovation, lautet hier wohl das Erfolgsgeheimnis: In der Saline wird das Salz noch wie zu Kaiserzeiten gewonnen.

Begeben Sie sich also auf eine einzigartige Zeitreise: Statt moderner Hallen stehen hier rote Backsteingebäude. Bagger, die sonst in anderen Salinen tonnenweise Salz aus dem Berg kratzen, sucht man vergebens. In Göttingen treffen Sie auf Salzkocher, so die Berufsbezeichnung der Leute, die sich darum kümmern, das weiße Gewürz aus den Wannen abzuschöpfen. Im alten Pumpenturm knarrt und rattert es mächtig. Hier wird die Sole zutage gefördert. Diese hat über die Jahre die hölzernen Dachbalken mit Kristallen überzogen und so den Dachboden des Pumpenturms in eine weiße Märchenlandschaft verwandelt. Die Sole in den flachen Pfannen gleicht dem Meer auf Mauritius – so traumhaft türkis ist die Flüssigkeit, aus der das Salz später abgeschöpft wird. Stecken Sie mal den Finger in die großen Salzpfannen und probieren Sie – Sie werden erleben, dass Salz richtig gut schmecken kann!

Die weißen Kristalle sorgen aber nicht nur für Gaumenfreuden, sondern auch für Gesundheit: im Luisenhaller Badehaus direkt nebenan. Legen Sie sich einfach aufs Wasser – Sie schweben förmlich. Grund ist der hohe Salzanteil im Wasser. Und danach entspannen Sie im Ruheraum und gönnen sich zum Abschluss noch ein wunderbares Salz-Öl-Peeling.

Anfahrt Mit dem Auto: Über die B 6 bis Ausfahrt Thale; großer Parkplatz direkt am Hexentanzplatz, der Parkplatz ist allerdings gebührenpflichtig und oftmals überfüllt. Mit der Seilbahn: Mit dem Auto bis Thale, dort in die Kabinenseilbahn steigen und zum Hexentanzplatz schweben.

Informationen Die Walpurgisnacht ist kostenlos. Veranstaltungen rund um die Walpurgisnacht zum Teil kostenpflichtig. Seilbahn Thale: Tel. 03947/25 00, info@seilbahnen-thale.de; Parkplatz Seilbahnen (kostenlos), Walter-Rathenau-Str. 8. **Preise:** Für die Seilbahn zum Hexentanzplatz und zurück: Erwachsene 6,50 €, Kinder (4–14 Jahre) 4 €, Kinder unter 4 Jahren frei; außerdem gibt es Familien- und Gruppenermäßigungen.

Hinweis Die Walpurgisnacht findet imme[r] in der Nacht vom 30. April auf den 1. Mai statt.

Die Walpurgisnacht auf dem Brocken feiern

5

Dort, wo die Teufelsmauer steht und es den Hexentanzplatz gibt, wo dichter Wald steinige Felsen umgibt, dort ist der Harz – die Region, die geprägt ist von Mythen und Sagen rund um Hexen und Teufel. Bei Thale tanzen die gruseligen Wesen mit langen, gebogenen Nasen und hässlichen Buckeln jedes Jahr zur Walpurgisnacht am 30. April um das lodernde Feuer.

Ursprünglich war die Walpurgisnacht ein heidnisches Fest, um den Frühlingsbeginn zu feiern. Mit dem religiösen Siegeszug der christlichen Franken waren solche Brauchtümer allerdings strengstens verboten. Die Kirche suchte sich dann quasi ein »Schlupfloch«, indem sie den vorchristlichen Feiertag übernahm und der heiligen Walburga widmete. Diese hatte der Papst am 1. Mai heilig gesprochen. Die eng beieinander liegenden Daten und ihr Ruf als Schutzpatronin vor bösen Geistern machten sie wohl als Namensgeberin perfekt. Die englische Fürstentochter hat aber nichts mit dem heidnischen Brauch zu tun.

Die erste Walpurgisnacht feierten die Menschen im Jahr 1896 auf dem Brocken – oder Blocksberg, wie er in Verbindung mit Hexen genannt wird. Mittlerweile hat sich diese Veranstaltung zu einem echten Publikumsmagneten mit Volksfest-Charakter entwickelt. Sie werden schon am Fuß des Berges in Thale die ersten Hexen ihre Reisigbesen schwingen sehen; zerrissene, nach Schwefel riechende Umhänge werden Ihre Beine streifen, und Sie werden dieses mystische Gefühl bekommen, das Sie den ganzen Abend nicht mehr loslassen wird.

Das nächtliche Spektakel spielt sich hoch oben auf dem Hexentanzplatz ab. Das Plateau erreichen Sie mit der Bodental-Seilbahn. Wer sich mit dem Gondeln nicht so recht anfreunden mag, der kann auch mit einem Shuttle-Bus hinauffahren. Oben erwarten Sie Live-Musik, Tanz, Akrobatik und ein zauberhaftes Lichtermeer, gekrönt von einem mitternächtlichen Höhenfeuerwerk – das nicht nur die bösen Geister, sondern auch Sie ganz sicher beeindrucken wird!

Anfahrt Am Autobahnkreuz Oldenburg-West den Schildern A 28 Richtung Zwischenahn/Groningen/Niederlande/Emden Leer/Oldenburg-Wechloy folgen, am Dreieck Leer den Schildern A 31 Richtung Norddeich/Emden/Veenhusen folgen bis Ausfahrt Emden-Mitte, dann die B 210 Richtung Aurich/Norddeich/Flughafen und rechts abbiegen, um auf der B 210 zu bleiben, links abbiegen auf die L 3, dann rechts auf die K 229, rechts auf die Eilsumer Straße/L 4, links abbiegen auf die Greetsieler Straße/L 25 und weiter auf der Mühlenstraße bis Greetsiel.

Informationen **Abfahrt:** Hafen Greetsiel, 26736 Krummhörn; Tickets über Reederei Frisia erhältlich, Tel. 04931/987-0, www.reederei-frisia.de, oder über die Tourist-Info in Greetsiel, Tel. 04926/91 88-0, www.greetsiel.de. **Fahrpreis** Erwachsene 15 €, Kinder (4–11 Jahre) 7,50 €. **Dauer:** 2 Std. **Abfahrtszeiten:** Termine auf Anfrage

Mini-Kreuzfahrt ab Greetsiel mit Fischfang

6

Das malerische Fischerörtchen Greetsiel wird Sie verzaubern. Die gepflegten Kutter mit ihren Netzen liegen im Hafen bereit, um Sie mit auf Fischfang zu nehmen. Hier ist übrigens mit 25 Kuttern die größte Krabbenkutterflotte Ostfrieslands zu Hause. Und wenn Sie Glück haben, ist das ostfriesische Original Kapitän Conradi mit an Bord.

Vom Hafen geht es hinaus auf die Nordsee, die salzige Meeresbrise weht Ihnen um die Nase, und die hungrigen Möwen begleiten Sie. Seefestigkeit ist absolut notwendig, denn die Wellen peitschen und bringen den Kutter in Bewegung. Grund zur Sorge brauchen Sie aber nicht zu haben, denn die Kutter sind hochmodern und sicher.

Kaum haben Sie sich an die raue Nordsee gewöhnt, fliegen auch schon die Netze ins Wasser – immer mit der Hoffnung auf einen guten Fang. Dafür soll Neptun, der Gott des Meeres, sorgen. Während die Netze im Wasser langsam voller werden, genießen Sie einfach eine Brotzeit und lassen die Gedanken schweifen. Vielleicht erzählt Ihnen der Kapitän ja auch etwas Seemannsgarn – sicher kennt er eine Geschichte von Klabautermännern …

Die Zeit vergeht auf hoher See wie im Fluge, und schon sind die Netze voll und müssen an Bord gezogen werden. Da heißt es kräftig anzupacken – hoch mit dem Fang! Jetzt wird kontrolliert, ob auch wirklich Fische und nicht etwa alte Stiefel oder gar ein verborgener Schatz sich im Netz verfangen haben.

Zurück im Heimathafen bekommen Sie wieder festen Boden unter die Füße. Aber auch das kann bei einigen für Unwohlsein sorgen, hat man sich doch gerade erst an den schwankenden Kutter gewöhnt …

Verpassen Sie es nicht, sich einen Fisch mitzunehmen – vielleicht bereitet Ihnen ein Spitzenkoch in einem der vielen ansässigen Restaurants ja Ihren persönlichen Fisch zu.

Mit einem kleinen Spaziergang durch die malerischen Gassen des idyllischen Greetsiels runden Sie Ihren Tag dann ganz bestimmt perfekt ab.

Anfahrt Mit dem Auto von Norden oder Süden über die A 7 bis Abfahrt Mellendorf bzw. Kichhorst; von Osten oder Westen über die A 2 bis Ausfahrt Bothfeld bzw. Langenhagen. Mit dem Zug bis Hbf. Hannover und weiter mit Stadtbahnlinie 1 in 15 Min. bis »Langenhagen Zentrum«; von dort gibt es an Renntagen Sonderbusse bis zur Rennbahn.

Informationen Hannoverscher Rennverein e. V., Theodor-Heuss-Str. 41, 30853 Langenhagen, www.neuebult.de. **Eintrittspreise:** Tageskarte 9 € (unnummerierter Sitzplatz auf der Tribüne + Programmheft), Tageskarte 12 € (reservierter Sitzplatz auf der Tribüne + Programmheft), Kinder bis 14 Jahre frei, Tageskarte mit Brunchbuffet im Rennbahnrestaurant 32,50 (nur mit Vorreservierung unter Tel. 0511/83 47 77 Bult-Special 40 €. **Parkplatzgebühr:** 3 €.

Öffnungszeiten Renntermine 2017: 17.4., 1.5., 16.5., 5.6., 8.7., 9.7., 20.8., 17.9., 1.10., 29.10

In Langenhagen 10 Euro auf ein Pferd setzen

7

Aus 10 Euro 10 000 machen … Davon träumen wir ja alle. Und das ist gar nicht so unmöglich – wenn Sie auf das richtige Pferd setzen! Aber zuvor steht noch eine schwierige Entscheidung an: Hut und Kostümchen oder doch Jeans und T-Shirt? Auf der Rennbahn in Langenhagen geht alles – kommen Sie einfach so, wie Sie sich wohlfühlen.

Eine großzügige, parkähnliche Gartenanlage heißt Sie in der Welt der schnellen Pferde, der Wettscheine, der Gewinner, aber auch der Verlierer willkommen – und Sie sind für einen Tag ein Teil davon. Gehen Sie zunächst zum Führring, beobachten Sie die Pferde – wer sieht nach einem Gewinner aus?

Dann geht es hinüber zum Wettschalter, wo Sie ein vibrierender Menschenauflauf voller Hektik, Aufregung und der Hoffnung auf das ganz große Geld erwartet. Die einfachste Art der Pferdewette ist die Siegwette – Sie tippen also auf das schnellste Pferd, und wenn Sie Recht haben, streichen Sie Ihren Gewinn ein. Eine etwas sicherere Variante ist die Platzwette, hier muss Ihr Pferd nur einen der ersten drei Plätze belegen. Die Quote ist nicht ganz so hoch, dafür erhöht sich die Wahrscheinlichkeit, dass Sie mit Ihrem Tipp richtig liegen. Eine dritte, einfache Variante ist die Platzzwillingwette; dabei tippen Sie auf zwei Pferde, die es unter die ersten Drei schaffen müssen, wobei die Reihenfolge der Platzierung egal ist.

Mit Ihrem Wettschein in der Hand begeben Sie sich danach auf die Tribüne, die direkt am Start der Rennbahn steht. Und dann geht alles ganz schnell: Die Pferde werden in die Startboxen geführt, der Startschuss fällt – und Sie hören nur noch das dumpfe Dröhnen der Hufe, die in die Grasbahn hämmern. Ihre Augen verfolgen die schnellen Pferde, die von ihren Jockeys zu Höchstleistungen angetrieben werden und auf der Zielgeraden eine Geschwindigkeit von bis zu 60 km/h erreichen können! Da heißt es einfach: mitfiebern – und vielleicht ja auch gewinnen und mitjubeln!

Anfahrt Mit dem Zug: Vom Hbf. Hannover ist der Schützenplatz mit Stadtbahnlinien 3 oder 7 bis zum Waterlooplatz zu erreichen.

Informationen Alle Infos rund ums Schützenfest bekommen Sie beim Verein: Hannoversches Schützenfest e. V., Bruchmeisterallee 1, 30169 Hannover, Tel. 0511/131 96 97, ode unter www.hannover.de. **Adresse Schützenplatz:** Bruchmeisterallee 1a, 30169 Hannover.

Hinweis Schützenfest 2017: 30.6.–9.7.

Den Schützenausmarsch in Hannover erleben

8

Den größten Schützenausmarsch der Welt gibt es in Hannover: Jedes Jahr am ersten Sonntag nach Festbeginn finden sich hier gut 10 000 Menschen zu einem mehr als zwölf Kilometer langen Zug zusammen und laufen durch die Landeshauptstadt Niedersachsens. Der Startschuss für das riesige Volksfest fällt immer am Freitag vor dem ersten Montag im Juli.

Und das hat nichts mit »ufta ufta« zu tun: Es wird bunt und multikulturell! 5000 Musiker aus Deutschland und der ganzen Welt sind mit mehr als hundert Musikkapellen beim traditionellen Umzug dabei – da tanzt die Mexikanerin in ihrem leuchtend bunten Kostüm neben der Feuerwehrkapelle aus Ostfriesland, und Sportvereine turnen zu den Trommeln der Australier. Kultur- und Folkloregruppen, Karnevalsvereine und Festgruppen aus der gesamten Welt treffen sich in Hannover zum Feiern!

Wer eine gute Sicht auf den Umzug haben will, muss früh aufstehen: Entlang der Route gibt es drei große Zuschauertribünen – und die Plätze sind heiß begehrt. Allerdings macht es mindestens genauso viel Spaß, sich mit dem Zug zusammen vom Neuen Rathaus aus in Richtung Schützenplatz zu begeben.

Und wenn Sie schon mal da sind, schlendern Sie doch noch eine Runde über das weltgrößte Schützenfest – es wird Sie begeistern! Mehr als eine Million Menschen nimmt jährlich an dem Spektakel teil.

Und einen Besuch in der »Schützenstadt« ist diese Spezialität definitiv auch wert: »Lüttje Lage«. Das traditionelle Mischgetränk besteht aus dem Lüttje-Lagen-Schankbier und einem Korn. Die Hannoveraner brauten das regionale Getränk Ende des 19. Jahrhunderts zum ersten Mal. Heute ist es, wie auch das Maskottchen Ballerkalle – eine laufende Schießscheibe mit grünem Schützenhut –, fester Bestandteil der Feierlichkeiten. Aber das Fest gibt es schon sehr viel länger: Zum 484. Mal suchen Hannoveraner im Jahr 2013 den besten Schützen. Also, seien Sie dabei, wenn es wieder heißt: »Gut Schuss!«

Anfahrt A 2 Richtung Berlin/Kassel, am Autobahnkreuz BS-Nord rechts halten und den Schildern A 391 in Richtung Kassel/Salzgitter/ Braunschweig folgen bis Ausfahrt BS-Gartenstadt, dann auf der Theodor-Heuss-Straße weiter bis zum Europaplatz, rechts in die Konrad-Adenauer-Straße (der Europaplatz liegt rechts).

Informationen www.braunschweige karneval.de. **Alle Ansprechpartner unter:** www.braunschweiger-karneval.de/ansprechpartner.php. **Ort der Veranstaltung:** Europapla 38100 Braunschweig. **Veranstaltungszeitpunk** Immer am Sonntag vor Rosenmontag, Beginn um 12.40 Uhr am Europaplatz.

Beim Braunschweiger »Schoduvel« Kamelle sammeln

9

Ja, es gibt auch norddeutsche Narren! Wer glaubt, dass nur die Kölner wissen, wie man Karneval feiert, der irrt. »Brunswick, die mobile Okerstadt, ist froh, dass sie die Narren hat!« Und sie freut sich auch auf Ihren Besuch. Jedes Jahr am Sonntag vor Rosenmontag zieht der »Schoduvel« durch die Straßen Braunschweigs.

Aber warum »Schoduvel«? »Duvel« steht für Teufel und »Scho« für das Verscheuchen. Maskiert und verkleidet wie der gefürchtete Pferdefuß wollten die Menschen früher mit Lärm und Getöse die bösen Geister der Kälte und der Gefahr verjagen. Ein erster Eintrag zu dem illustren Treiben der norddeutschen Jecken findet sich im Stadtbuch schon vor mehr als 700 Jahren.
Lange gab es dann kein närrisches Treiben mehr in den Straßen der Löwen-Stadt. Mit einem Kinderkarnevalsumzug im Jahr 1979 hielt die Tradition wieder Einzug in Braunschweig. Und seit 2005 heißt der Karnevalsumzug auch wieder »Schoduvel« – und lockt jedes Jahr mehr Menschen in die Stadt an der Oker.

Stürzen Sie sich also ins Getümmel, das aus Clowns, Prinzessinnen, echten und unechten Polizisten, Löwen und vielem mehr besteht. Das Erste, was Ihnen am Anfang des Zuges auffallen wird, ist der große Elefant. Auch das hat Tradition, denn der erste Umzug soll einst von einem Zirkuselefanten angeführt worden sein.

Der »Schoduvel« ist mit seinen über sechseinhalb Kilometern der längste Karnevalsumzug in Norddeutschland: fantasievoll geschmückte Wagen, Spielmannszüge, die den Weg durch die Braunschweiger Innenstadt musikalisch begleiten, und die inzwischen mehr als 200 000 Besucher – eine Veranstaltung für die ganze Familie.

Und nicht vergessen: Nehmen Sie leere Beutel mit, damit Sie die vielen Bonbons – oder wie man im Karneval sagt: die »Kamelle« – auch verstauen können, die die Narren und Jecken Ihnen von den Wägen aus zuwerfen. »Brunswick helau!«

Boßeln in Ostfriesland

10

Schon mal was vom Boßeln gehört? Dazu nehmen Sie 20 Meter Anlauf, werden dabei immer schneller, halten den Wurfarm senkrecht am Körper und werfen dann eine Kugel. So ungefähr geht's – aber genau lassen Sie sich das am besten von einem waschechten Ostfriesen erklären, denn Boßeln ist hier so etwas wie die Nationalsportart.

Das Boßeln ähnelt dem Kegeln. Allerdings geht es darum, die Kugel mit möglichst wenigen Würfen möglichst weit über eine festgelegte Strecke zu werfen – und das mitten im Gelände, auf Feldern, Wegen oder im Park.

Früher war in den Wintermonaten »Saison«, weil dann die Felder ungenutzt waren und die Bauern genug Zeit hatten. Heute wird das ganze Jahr über gespielt.

Die Kugeln beim Boßeln, wie auch beim ähnlichen »Klootschießen«, unterscheiden sich von Region zu Region etwas in Material und Größe. Natürlich gibt es auch Meisterschaften und Wettbewerbe, aber Sie sollen vor allem Spaß bei der Sache haben.

Dafür sorgt auch der Inhalt des Bollerwagens, das immer mitzuführende »Begleitfahrzeug«: Eigentlich werden in ihm die Kugeln transportiert, doch ist immer auch noch etwas Platz für die eine oder andere hochprozentige Spezialität …

Verbringen Sie doch mit Ihrem Verein mal ein komplettes Boßel-Wochenende, machen ein Boßel-Diplom oder schieben mit Ihrer Familie eine ruhige Kugel und gucken einfach einer Boßel-Truppe beim Spielen zu – Spaß bringt es auf jeden Fall!

Information Zum Boßel-Diplom können Sie sich anmelden z. B. im Hotel Hinrichs 04464/599 00-0, unter www.bossel-diplom.de oder unter www.ostfriesland.de/mein-ostfriesland/sportlich-und-aktiv/friesensport/bosseln.html.

Anfahrt A 7 bis Ausfahrt Bad Fallingbostel, weiter Richtung Oerbke, dann der Beschilderung Richtung Hannover/Bremen/A 7 und Fallingbostel/B 206 folgen und weiter auf der B 209, links abbiegen auf die Düshorner Straße/B 209, weiter auf der B 209, bis auf der rechten Seite das Backhaus steht.

Informationen HeideBackHaus Hartmann GmbH, Honerdingen 107, 29664 Walsrode, Tel. 05161/98 48 48, info@heidebackhaus.de, www.heidebackhaus.de. **Kartenpreise:** Einzelticket 28,90 €, Gruppen von 10–29 Personen 27,90 €/Person, Gruppen ab 30 Personen 26,90 Person, Kinder bis 6 Jahre frei, Kinder (7–14 Jahr zahlen die Hälfte; Eintrittspreise inkl. folgender Leistungen: Theaterstück, Kaffee, Kuchen, Torte Backstubenbesichtigung, Gastgeschenk.

Öffnungszeiten Bis auf wenige Ausnahmen wird 6 Tage die Woche Theater gespie Vorstellungsbeginn ist 14 Uhr.

Das Backtheater in Walsrode besuchen

11

In Walsrode steht ein gelb-blaues Haus, das Restaurant, Café, Backstube und Theater in einem ist – und auf jeden Fall einen Abstecher wert. Denn während im Ofen nebenan leckerer Kuchen goldbraun gebacken wird und der süße Duft durch die Räume zieht, können Sie sich ein lustiges Theaterstück anschauen, gespielt von echten Bäckern.

Auf den ersten Blick sieht das HeideBackHaus wie eine Raststätte oder ein kleiner Supermarkt aus – quadratisch, in Gelb und Blau gehalten, rechts ein Souvenirshop, daneben eine Bäckerei, ein Restaurant und ganz links das Herzstück: das Backtheater. Einmalig in Deutschland.

Aber wie kommt ein Bäcker auf die Idee ein eigenes Theater zu eröffnen? Eigentlich ganz einfach. Vor gut zehn Jahren befindet sich das Backhaus in der Straße Honerdingen Nr. 107 fast vor dem Aus. Finanzielle Probleme belasten Bäckermeister Hartmann und seine Mitarbeiter. Da kommt der pfiffige Bäcker auf eine Idee: Warum bringt man nicht mal die Geschichten, die das Bäckerhandwerk täglich schreibt, auf eine Bühne? Und wenn man das schafft, warum steht die Bühne dann nicht gleich in der Backstube?

Gesagt, getan. Nun wird seit 2003 fast täglich Theater gespielt – und die Gäste sind begeistert! Ob mit Freunden, der Familie oder alleine – im Backhaus fühlen sich alle wohl. Bei Kaffee und Kuchen oder einem leckeren Mittagessen genießen Sie an sieben Tagen in der Woche heitere Geschichten aus der Backstube.

Und die gehen dem Team scheinbar nicht aus. Neben dem Klassiker »Ich back' mir einen Schwiegersohn« gibt es auch immer wieder neue Stücke, die Sie erleben können. Raten Sie doch mal mit, wer der Brotgelddieb in »Mutters Kurschatten« ist, oder lassen Sie sich von der weihnachtlichen »Himmlischen Beschwerung« berieseln …

Bis zu 160 Gäste haben in der Back-Theaterstube Platz, die Nachfrage ist allerdings so groß, dass Sie sich Ihren Platz auf jeden Fall vorab reservieren sollten.

12 Die Infa in Hannover besuchen

Jedes Jahr im Oktober öffnet die Infa ihre Tore, die Informationsmesse für Familien, deren Name viel zu bieder ist für das, was sie wirklich bietet: Themenwelten rund ums Bauen und Wohnen, Lifestyle, Wellness & Beauty, Babys, Kochen und Basteln laden zum Gucken, Staunen und Kaufen ein. Bequeme Schuhe sind hier dringend erforderlich.

Die Halle der Themenwelt »Lebensart« sieht aus wie ein bunter Frühlingsstrauß: Möbel, bunte Accessoires und Kleidung zusammen mit tollen Show-Einlagen und Stargästen auf der Bühne erwarten Sie. Tanz, Lesungen, kleine Theaterstücke – für jeden Geschmack ist etwas dabei.

In der nächsten Halle überrascht Sie die Weihnachtswelt: Sie öffnen die Tür der Halle, und sofort steigt Ihnen der Duft von Marzipan und Zuckerwatte in die Nase. Zu weihnachtlichen Klängen werden Ihnen die neuesten Trends in Sachen Baumschmuck präsentiert, aber auch traditionelle Handwerkskunst steht zum Verkauf. Kinder können ihre eigene Weihnachtsbaumkugel gestalten, und zum Verschnaufen genießen Sie einfach an der langen Theke einen Marzipan-Cappuccino mit einem Stück Stollen.

In der »Markthalle« informiert sich die Dame des Hauses über die neuen hochwertigen Töpfe, während sich der Herr z. B. mit kleinen Hubschraubermodellen beschäftigen und sie fliegen lassen kann. Machen Sie dann zum Abschluss eines spannenden Tages eine Weinprobe, oder lassen Sie sich mit kulinarischen Köstlichkeiten verwöhnen!

Anfahrt Von Norden und Süden über die A 7, in Altwarmbüchen bzw. am Dreieck Hannover-Süd wechseln auf die A 37 (B 3 Messe-Schnellweg) Richtung Hannover/Messe. Oder von Osten und Westen über die A 2, am Kreuz Hannover-Buchholz bzw. Hannover-Lahe wechseln auf die A 37 (B 3 Messe-Schnellweg) Richtung Hannover/Messe.

Informationen Deutsche Messe, Messegelände, 30521 Hannover, Tel. 0511/89-0, www.messe.de.

Öffnungszeiten Je nach Messe, am besten im Internet informieren.

Sommerrodeln am Bocksberg

13

Rodeln ist ein Wintersport – aber nicht auf dem Bocksberg! Hier können Sie auch bei Hitze die Piste hinuntersausen: auf der größten Sommerrodelbahn Nordeuropas. Ob Nervenkitzel pur mit Wellen und kleinen Sprüngen oder eine launige Fahrt ins Tal: Auf dem Bocksberg nahe Hahnenklee ist für jeden die richtige Strecke dabei.

Aber erst mal müssen Sie auf den Bocksberg kommen. Das geht mit einem sportlichen Fußmarsch, oder Sie steigen am Fuß des Berges in die Gondel der Kabinenbahn. Oben angekommen, begeben Sie sich dann im Zweierbob auf die 1422 Meter lange Reise durch den Wald – fast geräuschlos. Die einzigen Geräusche machen Sie selbst, wenn Sie mit der Höchstgeschwindigkeit von 40km/h zurück ins Tal rauschen.

Bis zu sechs Meter über der Erde legen Sie sich dabei in die Steilkurven, nehmen Geschwindigkeit auf, rauschen in den Kurvenpark, brettern durch die lang gezogene Rechtskurve … und da kommt auch schon das Schild »Noch 30 Meter bis Bahnende«. Bremsung und ab aufs Fließband – ganz bequem und gemütlich werden Sie mit Ihrem Bob anschließend wieder den Berg hochgefahren, und der Spaß kann von Neuem beginnen!

Anfahrt Von Norden und Süden über die A 7, von Westen und Osten über die A 2 nach Goslar und von Goslar über die B 241 nach Hahnenklee, dort der Beschilderung »Bocksberg Seilbahn« folgen; an der Seilbahn steht Ihnen ein Parkplatz zur Verfügung. Mit der Seilbahn dauert die Auffahrt zur Bobbahn ca. 10 Min.

Informationen ErlebnisBocksBerg, Bocksberg Seilbahn, Rathausstr. 6, 38644 Goslar-Hahnenklee, Tel. 05325/25 76, info@erlebnisbocksberg.de, www.sommerrodelbahn-rodelbahn.de; www.erlebnisbocksberg.de. **Preise:** 1 Fahrt: Erwachsene 3,50 €, Kinder (4–14 Jahre) 2,50 €; 6er-Fahrkarte: Erwachsene 17 €, Kinder (4–14 Jahre) 12 €; außerdem gibt es Kombitickets inkl. Seilbahnfahrt und Ermäßigungen für Familien und Gruppen; Kinder unter 4 Jahren sind frei.

Öffnungszeiten In der Sommersaison täglich von 9–17 Uhr geöffnet.

Informationen www.deutsche-maerchenstrasse.com; Ihre Ansprechpartner auf dem niedersächsischen Teil der Märchenstraße: Bremerhaven: touristik@bis-bremerhaven.de, Tel. 0471/94 64 61 00; Buxtehude: stadtinfo@stadt.buxtehude.de, Tel. 04161/501 23 45; Nienburg: info@mittelweser-tourismus.de, Tel. 05021/91 76 30; Bad Oeynhausen: staatsbad@badoeynhausen.de, Tel. 05731/13 00; Hessisch Oldendor touristikzentrum@westliches-weserbergland.de Tel. 05751/40 39 80; Hameln: touristinfo@hameln.de, Tel. 05151/95 78 23; Bodenwerder: Info@muenchhausenland.de, Tel. 05533/405 41; Polle: Info@polle-tourismus.de, Tel. 05535/411.

Eine Reise auf der Märchenstraße machen 14

Aschenputtel, Schneewittchen, der gestiefelte Kater – jeder hat mindestens ein Lieblings-Märchen der Brüder Grimm. Aber wissen Sie auch, in welchen Landschaften diese Märchen verwurzelt sind? Das verrät Ihnen eine Fahrt auf der Märchenstraße, die sich gut 600 Kilometer durch Deutschland windet.

Schon das Straßenschild ist geradezu märchenhaft: ein Herz und in der Mitte der Kopf einer Prinzessin, die ein goldenes Krönchen trägt.

Die Heimat von Aschenputtel ist Polle im Landkreis Holzminden. Lassen Sie sich von dem malerischen Ortskern und den verträumten Gassen bezaubern, und besuchen Sie im Haus des Gastes das »Aschenputtel-Zimmer«, in dem ein täuschend echt aussehendes Aschenputtel vor dem Küchenofen sitzt und scheinbar Linsen sortiert –»die Guten ins Töpfchen, die Schlechten ins Kröpfchen ...«. Ein besonderes Highlight ist und bleibt aber das kostenfreie »Aschenputtel-Spiel« jeden dritten Sonntag, das von Mai bis September von Schauspielern in der malerischen Kulisse der Burgruine aufgeführt wird.

Weiter geht es nach Bodenwerder, wo das Geburtshaus des Barons Münchhausen steht – der nach eigenen Angaben schon mit einer Kanonenkugel umherflog. Welch hanebüchene Geschichten der Baron sonst noch so erlebt haben will, erfahren Sie im Münchhausen-Museum, bei einer Führung durch die historische Altstadt oder bei den kostenlosen sonntäglichen »Münchhausen«-Aufführungen (Mai–Okt.).

In Buxtehude im Landkreis Stade liefen einst Hase und Igel um die Wette – eine Skulptur inmitten der kleinen Fachwerkhäuser erinnert an das Rennen der ungleichen Läufer.

Und im beschaulichen Hameln war einst der Rattenfänger beheimatet, der die Stadt an der Weser erst von einer Rattenplage befreite und dann, als man ihm den versprochenen Lohn verwehrte, die Kinder der Stadt entführte. Bei einem Rundgang durch Hameln können Sie sich diese Geschichte noch einmal ausführlich erzählen lassen.

Anfahrt
Auf der A 7 bis zur Ausfahrt Soltau-Ost, weiter auf der B 209/B 71 in Richtung Munster/Uelzen, auf die L 211 abbiegen in Richtung Bispingen, dann rechts abbiegen in den Hans-Christoph-Seebohm-Ring und links in die Nöllestraße.

Informationen
Iserhatsche, Nöllestr. 40, 29646 Bispingen, Telefon 05194/12 06, www.iserhatsche.de. **Eintrittspreise:** Erwachsen 12 €, Kinder (7–12 Jahre) 8 €, Kinder bis 6 Jahre frei, Gruppen (mind. 10 Personen und nach vorheriger Anmeldung) 10 €/Person.

Öffnungszeiten
April–Oktober täglich von 10–18 Uhr, November–März täglich von 11–16 Uhr.

Iserhatsche – Kabinett der Kuriositäten

15

Iserhatsche – hinter diesem Namen verbirgt sich ein wahres Kabinett der Kuriositäten. Nahe Bispingen hat sich der Berliner Uwe Schulz-Ebschbach seine ganz eigene Welt erschaffen: Rund um ein barockes Jagdschloss errichtete der selbsternannte »Freiherr von Iserhatsche« allerhand skurrile Bauten. Eine Reizüberflutung ist garantiert!

Ein riesiger Vulkan, der per Knopfdruck Feuer speit, eine »Arachnerie«, von deren spinnennetzartiger Deckenkonstruktion Gießkannen, Bügeleisen und gläserne Figuren hängen, ein philosophischer Garten, regelrecht gepflastert mit Sprüchen und Weisheiten, samt skurrilem »Ebereschen-Eisen-Glocken-Baum« – auf Iserhatsche gibt es scheinbar keine Verrücktheit, die es nicht gibt. Und wenn, dann hat der Hausherr sie meist schon fest im Blick wie sein aktuelles Projekt: ein riesengroßes Schloss aus Flaschen.

Der Besuch ist wie eine Achterbahnfahrt der Sinneseindrücke: Ein großer Teppich aus alten D-Mark-Münzen, das prunkvolle »Diana-Sanssouci-Zimmer« mit rotierendem Porzellan, überall Bemalungen, Gravuren, gläserne Figuren und riesige Sammlungen an Streichholzschachteln, Geweihen oder schlichtweg Heidebildern jeglicher Art. Die Exzentrik des Bewohners wird deutlich beim Anblick seines maßangefertigten Sitzsargs – »Ich will mich später nicht wundliegen«, sagt er wie selbstverständlich dazu.

Spätestens beim Anblick des »Montagnetto« werden Ihnen die Worte fehlen: Den riesigen Berg samt integrierter Burg, künstlichem Vulkan, vergoldetem Wasserfall und Seenlandschaft hat Uwe Schulz-Ebschbach selbst errichtet. Im Inneren erwartet Sie die größte Bierflaschensammlung der Welt, ein Trausaal mit handgeschnitzten Möbeln, kitschigen, aber doch unglaublich detaillierten Malereien, eine »Brotbackofengrotte« und und und …

Ihre Fantasie spielt schon jetzt ganz verrückt? Iserhatsche hat noch weit mehr zu bieten!

Anfahrt Von Osten über die A 2 Richtung Dortmund, Abfahrt Wunstorf/Luthe, dann B 441 über Wunstorf Richtung Stolzenau; die B 441 führt direkt durch Münchehagen. Oder von Westen über die A 30 bis Ausfahrt Porta Westfalica, dann B 482 Richtung Minden-Nienburg bis Ausfahrt Loccum/Steinhuder Meer, ab Loccum der Beschilderung folgen. Oder von Norden über die A 7 bis Ausfahrt Schwarmstedt, dann B 214 Richtung Nienburg bis Ausfahrt Steimbke, zur B 6, weiter Richtung Husum/Rehburg-Loccum und ab Rehburg der Beschilderung folgen.

Informationen Dinosaurier Park Münchehagen, Alte Zollstr. 5, 31547 Rehburg-Loccum, Tel. 05037/969 99 90, www.dinopark **Eintrittspreise:** Kinder (4–12 Jahre) 10,50 €, Jugendliche (ab 13 Jahren) und Erwachsene 12,50 €; **Gruppenpreise** (ab 20 Personen, eine Begleitperson frei!): Kinder (4–12 Jahre) 9,50 € Jugendliche und Erwachsene 11,50 €/Person.

Öffnungszeiten 9.3.–3.11.2017 täg von 9–18 Uhr geöffnet.

Im DinoPark Münchehagen zum Archäologen werden 16

Auf den Spuren der Saurier können Sie im DinoPark Münchehagen wandeln. In den 1980er-Jahren, noch lange bevor ein Park entstand, entdeckte man in dem Ort am Steinhuder Meer Millionen Jahre alte Fußabdrücke – von echten Dinosauriern. Einige Jahre später wurde der Steinbruch deshalb zum »Naturdenkmal Saurierfährten« erklärt.

Dieses Museum samt der großen Parkanlage ist europaweit einmalig. Vom kleinen Raubsaurier bis zum riesigen Langhals: Entlang einer zweieinhalb Kilometer langen Route begegnen Sie mehr als 200 lebensgroßen Figuren der Dinosaurier, die vor Millionen Jahren dort ihre Spuren hinterlassen haben. Der Höhepunkt des Rundgangs: der gigantische Seismosaurus. In Münchehagen steht eine 45 Meter lange und neun Meter hohe naturgetreue Rekonstruktion des gewaltigen Pflanzenfressers. In der großen Fährtenhalle können Sie dann die Original-Fußabdrücke der ausgestorbenen Riesen-Echsen bestaunen.

Im DinoPark wird »Edutainment« groß geschrieben – erlebnisreich lernen die Besucher die verschiedenen Erdzeitalter kennen. Auch werden Sie Antworten auf Fragen finden, wie z. B. ein Archäologe arbeitet. Dieser Frage können Sie mit Ihren Kindern in der Mitmachhalle nachgehen: Versuchen Sie doch selbst einmal, ein – natürlich künstliches – Saurierskelett freizulegen.

Die jungen Parkbesucher können sich außerdem »Auf die Suche nach dem Schatz der Dinosaurier« begeben – ein kleines Abenteuer mit vielen Spielen, um am Ende zu einem kleinen »Dino-Ranger« zu werden.

Fingerspitzengefühl, eine ruhige Hand und viel Geduld – das alles brauchen die Profis beim Bearbeiten der Funde. Im DinoPark Münchehagen gibt es aber nicht nur jede Menge Fährten und Dinos zu sehen, Sie können auch den Paläontologen und Präparatoren bei der Arbeit über die Schulter schauen. Und wen das Forscher-Fieber nicht mehr loslässt: Der Grabungsleiter Dr. Oliver Wings sucht immer wieder engagierte Helfer …

Information Nachtwächter Melchior Hannover Marketing und Tourismus GmbH, Vahrenwalder Straße 7, 30165 Hannover; Tel. 0511/ 12 34 53 33; staedtereise@hannover-tourismus.de; **Preise:** 150 € bis 12 Personen, jede weitere 11 €; ganzjährig buchbar.

Hannover mit dem Nachtwächter erkunden 17

Am Tag herrscht in der Landeshauptstadt reges Treiben: Vom Kröpcke bis zum Steintor reihen sich die Händler aneinander. Doch wenn es dunkel wird, kommen all diejenigen auf ihre Kosten, die Hannover mal von einer anderen Seite erleben möchten. Schaurige Geschichten und unbekannte Wege werden Sie mit Nachtwächter Melchior entdecken.

Jede Stadt hat ihre zwei Seiten: die am Tage und die zur dunklen Nachtstunde. Unsere Landeshauptstadt Hannover ist nicht nur zur Messezeit eine Reise wert. Machen Sie sich doch mal auf die Spuren der dunklen Seite dieser Stadt …

Wenn die Lichter in den Straßen und Gassen angehen, treffen sich die Mutigen jeden Donnerstag am Beginenturm in der Pferdestraße und machen sich auf die Wanderung. Mit dem Nachtwächter Melchior gehen Sie abseits der bekannten Straßen durch dunkle Gassen und verwinkelte Häuserschluchten. Und zu jeder Ecke wird Ihnen Melchior eine neue, gruselige Geschichte erzählen. Ob von Mörderbanden, die in der Stadt ihr Unwesen trieben, oder von den Schicksalen der Henker, die mit den Angeklagten kurzen Prozess machen mussten – Melchior verfügt über ein breites Repertoire an Geschichten, das er zum Besten geben kann. Auch von Touristen, die spurlos verschwunden seien, kann Melchior berichten. Er versichert aber, dass bei ihm noch nie jemand verloren gegangen sei – zumindest habe sich noch keiner seiner Gäste dahingehend gemeldet …

Vorbei an der Marktkirche und am Kröpcke ziehen Sie in Richtung Altes Rathaus, und ab 21 Uhr beginnt dann Ihre Reise in die dunkle Seite Hannovers. Und seien Sie versichert: Die 90 Minuten, in denen Sie Hannover erkunden, werden sicher so manche Überraschung für Sie bereit halten!

Auch in Bad Bentheim, in Braunschweig und Osnabrück können Sie sich auf die Spuren der Vergangenheit machen. Dort warten Nachtwächter auf Sie, um Ihnen eine faszinierende Alternative zur »normalen« Stadterkundung zu bieten.

Peter Max

Den Schiffsbau auf der Meyer Werft bestaunen

18

Ein Kreuzfahrtschiff ist schwimmender Luxus pur auf den Meeren dieser Welt – und dieser kommt größtenteils aus Niedersachsen. In der Meyer Werft in Papenburg werden Ozeanriesen gefertigt, die so klangvolle Namen tragen wie »Disney Fantasy« oder »Jewels oft the Seas«. Und Sie können den Bau dieser Giganten ganz hautnah miterleben.

Seit 1795 befindet sich die Werft in Familienbesitz und bietet heute in der sechsten Generation über 2600 Beschäftigten einen Arbeitsplatz; sie hat in Papenburg als Letzte von 20 Werften überlebt. Ihre Reise in die Welt des Schiffbaus beginnt mit der Einführung im Besucherzentrum. Dazu gehört unter anderem ein spannender Film über die 215-jährige Geschichte der Werft. Anschließend folgt das Highlight des Besuchs: Von einer der beiden Besuchergalerien haben Sie einen direkten Blick auf eine Menge Stahl, auf Schweißbrenner, Kräne und Lkws, die damit beschäftigt sind, einen dieser Ozeanriesen scheinbar wie aus dem Nichts zu zaubern. Alle diese Monstermaschinen wirken neben den zahlreichen Decks der Kreuzfahrtschiffe wie Ameisen – die Dimensionen sind hier wirklich unglaublich! Da sich auf nahezu jedem Kreuzfahrtschiff auch ein Theater befindet, gilt die Meyer Werft übrigens auch als Deutschlands größter Theaterbauer.

Anfahrt Von Norden über die A 1 bis Dreieck Stuhr, dann über A 28/31 bis Ausfahrt Papenburg. Oder von Süden über die A 1 bis Ausfahrt Greven, dann B 481 über Emsdetten nach Rheine/Lingen, dann B 70 über Lingen-Meppen Richtung Papenburg.

Informationen Eine vorherige Anmeldung ist dringend erforderlich! Start der Führungen ist in der Stadtmitte von Papenburg. Von dort aus bringt Sie ein Bustransfer direkt zur Werft. Buchungen über: Papenburg Tourismus GmbH, Ölmühlenweg, 26871 Papenburg, Tel. 04961/839 60, www.papenburg-tourismus.de. **Eintrittspreise:** Erwachsene 12,90 €, Kinder bis 5 Jahre 1 €, Kinder (6–18 Jahre) 7,50 €.

Öffnungszeiten Führungen nach telefonischer Vereinbarung.

Informationen Fahrstall Groothoff Heuhotel, Jürgenstorfer Weg 20, 21398 Neu Neetze, Tel. 05850/97 13 33, info@fahrstall-groothoff.de. **Preise:** Übernachtung mit Frühstück 12,50–16,50 €/Person.

Übernachten im Heuhotel

19

Im Pferdeland Niedersachsen dürfen Sie dieses Erlebnis nicht versäumen: eine Übernachtung im Heuhotel. Packen Sie den Schlafsack ein und erfahren Sie, wie bequem und erholsam eine Nacht auf einer dicken Schicht Heu sein kann. Denn in diesem Hotel wird jeden Tag das ganze Bett aufgeschüttelt. Hier sind schöne Träume garantiert!

Luxushotel und Heuhaufen? Das sind natürlich klare Gegensätze. Aber haben Sie schon mal über den Luxus nachgedacht, ganz in Ruhe ohne Fernseher und andere Störenfriede die Nacht zu verbringen? Sie werden überrascht sein, wie viel Entspannung ein Heuhotel bieten kann!

Oder Sie buchen die Übernachtung als Gruppe und genießen ein geselliges Beisammensein, wie es sonst kaum irgendwo möglich ist. Bei Familie Groothoff in Neu Neetze z. B. können Sie mit bis zu 25 Personen eine Nacht im Heu verbringen. Die »Betten« befinden sich im gemauerten Stall direkt am Haupthaus. Nebenan finden Sie moderne sanitäre Anlagen, um sich morgens frisch zu machen. Und im Frühstücksraum können Sie sich für den Tag stärken – denn der kann bei den Groothoffs nahe Lüneburg ganz schön lang werden: Mit den vielen Pferden, bei einer Partie Tischtennis oder bei einer der vielen anderen Freizeitmöglichkeiten vergeht die Zeit wie im Fluge.

Zur Übernachtung gehört eine Kutschfahrt durch die Lüneburger Heide. Sie können das Naturschutzgebiet natürlich auch auf eigene Faust erkunden.

Einen Besuch ist sicherlich auch das Biosphaerium im Schloss Bleckede wert – ein Info-Zentrum rund um das Biosphären-Reservat Elbtalaue. Fische von Aal bis Zander können Sie in einer großen Aquarienlandschaft bewundern, einen Blick via Kamera in ein Storchennest werfen oder den Biber in seiner Biberburg beobachten.

Kommen Sie mit dem Auto, Camper, Motor- oder Fahrrad, zu Fuß oder zu Pferd nach Neu Neetze, und verbringen Sie ein paar Tage in der Lüneburger Heide!

Abtauchen in der Seehundstation Norddeich 20

Auge in Auge mit kleinen Seehunden – ein einmaliges Erlebnis für die ganze Familie! All die kleinen Heuler, die man hier in den Becken der Seehundstation in Norddeich beobachten kann, würden nicht mehr leben, wenn sie nicht von den fleißigen Ehrenamtlichen gerettet und in die Station gebracht worden wären.

Die Seehundstation Norddeich ist in Niedersachsen die einzige befugte Aufnahmestation für Seehunde und finanziert sich ausschließlich durch Spenden und Eintrittsgelder. Sie tauchen fast schon selbst mit den Seehundwelpen ab – so kommt es Ihnen zumindest vor, wenn Sie vor der riesigen Glasscheibe stehen und die herumtollenden Welpen beobachten. Die Kleinen zischen durchs Wasser, gucken Sie mit ihren großen schwarzen Kulleraugen neugierig an und sind zum Greifen nahe. Aber hier gilt: Nur gucken, nicht anfassen, denn die kleinen Seehunde werden nach etwa 70 Tagen als Jungtiere wieder in die Freiheit entlassen – aufgepeppelt und gesund. Das ist das größte Ziel der Station, diese wild lebenden Tiere, die oftmals durch Menschenhand gestört wurden, wieder in die freie Wildbahn zu entlassen. Sie können aber auch bei der Fütterung zugucken und erfahren, warum diese puscheligen, niedlichen Tierchen überhaupt »Heuler« heißen.

Anfahrt Mit dem Auto über die A 31 oder A 28 Richtung Emden, ab Autobahndreieck Leer ist der Weg nach Norddeich ausgeschildert. Mit dem Zug bis zur Haltestelle »Norddeich-Mole« und von dort mit einem kleinen Spaziergang auf dem Deich bis zur Kurverwaltung. Der Weg daneben führt Sie zur Seehundstation.

Informationen Seehundstation Nationalpark-Haus, Dörper Weg 24, 26506 Norden, Tel. 04931/97 33 30, www.seehundstation-norddeich.de. **Eintrittspreise:** Erwachsene 6 €, Kinder (4–18 Jahre) 3,50 €, Familienkarte (2 Erwachsene + Kinder) 16 €, Gruppen (ab 15 Personen) 4,50 €/Person für Erwachsene/2,50 € für Kinder; Ermäßigungen für Schwerbehinderte, Studenten und Rentner.

Öffnungszeiten Täglich 10–17 Uhr (Sommersaison: 8.4.–5.11.2017, Wintersaison: 26.12.2017–7.1.2018).

Anfahrt Mit dem Auto über die A 7 bis Ausfahrt Soltau-Ost; ab da ist der Heide Park ausgeschildert. Die Parkplatzgebühr beträgt pro Tag 5 €. Mit dem Zug bis Haltestellen »Soltau« oder »Wolterdingen«. Von Soltau aus gibt es Busverbindungen direkt zum Heide Park, von Wolterdingen aus machen Sie einen ca. 20-minütigen Spaziergang direkt zum Heide Park.

Informationen Heide Park Resort Soltau, Heide Park 1, 29614 Soltau, Tel. 0180/ 591 91 01, www.heide-park.de. **Eintrittspreise:** Tageskarte (ab 12 Jahre) 46 €, Tageskarte (4–11 Jahre) 39 €; bei Online-Buchungen sind die Karten bis zu 10,50 € günstiger! Sie können auch 2- oder 3-Tagestickets und Gruppenkarten erwerben.

Öffnungszeiten 2017 öffnet das Heide Park Resort vom 8.4.–31.10. In dieser Zeit ist die Anlage von 10–17 Uhr bzw. von 10–18 Uhr geöffnet, an einigen Tagen auch von 10–22 Uhr (s. Internet).

Fahrgeschäfte testen im Heide Park Resort Soltau

21

Mitten in der Beschaulichkeit der Lüneburger Heide steht einer der größten und schönsten Freizeitparks Deutschlands: das Heide Park Resort Soltau. Ob mit der Familie oder mit ein paar Freunden – hier kommen alle auf ihre Kosten. Und wenn Sie es besonders rasant mögen, dann ist ein Besuch in diesem Park sogar Pflicht.

Am 19. August 1978 öffnete der Heide Park Soltau seine Tore – mit sechs Fahrgeschäften und einer Tiershow. Mittlerweile gibt es über 50 Attraktionen für die ganze Familie, verteilt auf 850 000 Quadratmeter.

Hier können Sie wirklich viel erleben: Achterbahn fahren im »Big Loop«, nass werden in einer der beiden Wildwasserbahnen, eine Runde mit dem Mississippi-Dampfer um die kleine Schwester der Freiheitsstatue drehen, es in der Schiffsschaukel im Bauch kribbeln lassen, wild kreischen im »Scream«, in dem Sie erst über 100 Meter nach oben gefahren werden und dann den freien Fall erleben, und und und. Ein Tag reicht kaum aus, um alle Attraktionen im Heide Park Resort zu erkunden.

Wenn Sie allerdings den besonderen Kick suchen, sollten Sie als Erstes »Collossos« stürmen: 52 Meter hoch, 1344 Meter lang, 21 Millionen Euro teuer – eine Achterbahn der Superlative und bis 2003 sogar die steilste Holzachterbahn der Welt. Der Anblick von »Collossos« ist beeindruckend, die Fahrt ein Rausch! Gut gesichert in der Bahn sitzend, werden Sie ganz nach oben gefahren, von wo Sie kurz die fantastische Aussicht über den Park genießen können, ehe die Fahrt mit einer Höchstgeschwindigkeit von 120 km/h und einem Gefälle von bis zu 61 Prozent losgeht – 2,23 Minuten Nervenkitzel pur!

Und es geht sogar noch aufregender: Mit der »Krake« rasen Sie mit einem halben Looping aufwärts in das zähnefletschende Maul einer Riesenkrake, bevor Sie sich direkt im Anschluss eine halbe Rolle lang in absoluter Schwerelosigkeit befinden. Das ist nichts für empfindliche Mägen – aber ein Riesenspaß!

Informationen Hier ein paar Strandkorbverleiher, bei denen Sie reservieren können: www.norderney.de/buchen/vorbestellen/mn_42812; www.borkum.de/DE/erleben/strand-baden/strandkoerbe.php; www.juist.de/inselurlaub/strand-baden/strandkoerbe.html; www.baltrum.de/die-insel/strand-meer/strandkoerbe.html; www.langeoog.de/de/vorbestellung.htm?nid=5… www.spiekeroog.de/aktuelles/spiekeroog-strand-korb.html; /www.wangerooge.de/wangerooge/insel-service/vorbestellung-strandkoerbe/vorbestellung-strandkoerbe.html? pdf=true.

Im Herbst im Strandkorb sitzen

22

Man könnte glauben, dass nur zur Sommerzeit die Nordsee ein ideales Urlaubsziel ist. Doch weit gefehlt: Auch im Herbst lässt es sich am Meer wunderbar Urlaub machen! Lassen Sie sich von der rauen See doch mal zur goldenen Jahreszeit verwöhnen. Abends locken dann gemütlich-kuschelige Stunden in der eigenen Ferienwohnung vor dem Kamin.

Im Sommer legen die Touristen Badelaken an Badelaken, und die Strandkörbe sind heißbegehrt und meist schon vermietet. Dies kann Ihnen im Herbst nicht passieren. Machen Sie doch mal Urlaub an der Nordsee, wenn keiner damit rechnet. Denn auch zur goldenen Jahreszeit ist die Nordsee eine Reise wert.

Zum Baden im Meer ist es zwar zu kalt, aber mit dem Fahrrad können Sie die Gegend auf Ihre Weise erkunden. Und wenn Sie eine Pause machen möchten, lädt Sie eines der Restaurants ein, sich auf der Terrasse auszuruhen. Mit etwas Glück können Sie sogar noch einen Strandkorb mieten und sich dort die steife Brise der Nordsee um die Nase wehen lassen. Dazu genießen Sie einen heißen Kakao oder Tee und lassen die Seele einfach baumeln. Absolutes Muss ist allerdings eine Decke, die Sie aber auch von einem der freundlichen Strandkorbvermieter leihen können. Küstenromantik, wie sie schöner nicht sein könnte!

Wenn der kleine oder große Hunger ruft, sollten Sie unbedingt eines der Restaurants abseits der Hauptstraßen aufsuchen. Dort bekommen Sie leckere Speisen wie bei Muttern zubereitet. Fisch steht selbstverständlich auf der Karte ganz oben – ist er doch auch im Herbst noch fangfrisch aus dem Meer geholt.

Und so einen schönen Tag runden Sie dann am Abend mit einem Glas Wein vor dem Kamin in der Ferienwohnung ab. Abschalten und Relaxen pur!

Kleiner Tipp: Lassen Sie Ihr Handy ruhig mal ausgeschaltet, und nehmen Sie Ihren Fotoapparat mit. Die Nordsee bietet vor allem im Herbst mit ihren brausenden Wellen wunderschöne Motive.

Feuerwerke in den Herrenhäuser Gärten bestaunen 23

Es zischt und knallt, silberne Fontänen und bunte Farben überziehen den Himmel – ein Feuerwerk ist immer ein Erlebnis, und in der Kulisse der Herrenhäuser Gärten ist es sogar einzigartig! Von Mai bis September treten zweimal wöchentlich Pyrotechniker aus aller Welt gegeneinander an und präsentieren Feuerwerke der Superlative.

Noch in der Helle des Nachmittags betreten Sie die barocken Herrenhäuser Gärten. Immer passend zu der Nation, die am Abend das Feuerwerk bestreiten wird, gibt es ein thematisches Rahmenprogramm. Live-Musik, Kleinkunst, Tänze, Theaterdarbietungen oder auch kulinarische Köstlichkeiten warten auf Sie. Noch sind die Buchenhecken bunt beleuchtet, noch streift Herzogin Sophie von Hannover im barocken Gewand durch die Parkanlage, und noch tummelt man sich an den Essens- und Getränkeständen. Aber dann geht das Licht aus und es geht los: Der Pflichtteil, den alle Nationen absolvieren müssen, beginnt mit lauter Orchestermusik. Dann folgt die Kür: Im Takt steigen rote Glitzerraketen in die Luft, goldene Blumen werden in den Nachthimmel geworfen … Knapp eine halbe Stunde lang legen Tausende Menschen den Kopf in den Nacken und staunen über die Geschichten, die die Pyrokünstler mit ihrem Feuerwerk passend zur Musik erzählen.

Anfahrt Mit dem Auto über die A 2 bis AS Hannover-Herrenhausen, dann auf die B 6 bis Ausfahrt Herrenhausen und den Schildern folgen; oder von Süden auf der A 7 bis AS Anderten, dann auf die B 65, am Landwehrkreisel weiter auf der B 6 bis zur Ausfahrt Herrenhausen und von dort der Beschilderung folgen. Mit dem Zug bis Hannover-Hbf., zu Fuß zum Kröpcke (ca. 3 Min.) und von dort mit Straßenbahn Linie 4 bis zu den Herrenhäuser Gärten.

Informationen Int. Feuerwerkswettbewerb in den Herrenhäuser Gärten, Herrenhäuser Str. 4, 30419 Hannover, Tel. 0511/16 83 40 00, http://hannover.de/herrenhausen. **Eintrittspreise:** Normal 21 €, ermäßigt 18 €, Familienkarte (2 Erwachsene und 2 Kinder von 6–14 Jahren) 54 €, Dauerkarte (für alle Termine) 90 €.

Öffnungszeiten Zu den einzelnen Terminen für 2017 s. Internet.

Anfahrt Mit dem Zug bis Hannover-Hbf., dann 3 Min. zu Fuß bis zur Haltestelle »Kröpcke« und von dort mit der Stadtbahnlinie 11 bis Haltestelle »Zoo«.

Informationen Erlebnis-Zoo Hannover, Adenauerallee 3, 30175 Hannover, Tel. 0511/28 07 41 63, www.zoo-hannover.de. **Eintrittspreise:** Sommersaison: Kinder bis 2 Jahre frei, 3–5 Jahre 13,50 €, 6–16 Jahre 17 €, junge Erwachsene (18–24 Jahre) 19 €, Erwachsene (ab 25 Jahren) 25 €, Hunde 9 €; Wintersaison: Kinder bis 2 Jahre frei, 3–5 Jahre 10,50 €, 6–16 Jahre 13,50 €, junge Erwachsene (17–24 Jahre) 14,50 €, Erwachsene (ab 25 Jahren) 19,50 €, Hunde 9 €.

Öffnungszeiten 25. 3.–31.10.2017 von 9–18 Uhr, ab 1.11.2017 von 10–16 Uhr geöffnet.

Die Sambesi School im Zoo Hannover besuchen

24

Wenn Sie in der Landeshauptstadt zu Gast sind, ist ein Besuch im Zoo eigentlich Pflicht, denn er gehört zu den schönsten und modernsten Tierparks Deutschlands. In einzigartiger Atmosphäre können Sie nicht nur rund 3400 Tiere bestaunen und Tier-Shows genießen, im Erlebnis-Zoo Hannover können Sie – wie der Name schon sagt – auch einiges erleben.

Ihr Zooausflug beginnt schon vor dem Eingang, wo Ihre Kinder die süßen Meerschweinchen bestaunen können, die dort in »Schloss Neuschweinstein« leben, während Sie in Ruhe die Eintrittskarten kaufen.

Dann geht es in den Zoo, durch sieben verschiedene Themenwelten: zunächst durch die afrikanische Flusslandschaft Sambesi, in der Sie unbedingt die kostenlose Bootstour machen sollten. Weiter geht es zum Gorillaberg und zum indischen Dschungelpalast, wo die Elefanten schon auf Sie warten. Eisbären und Pinguine bevölkern die Kanadalandschaft Yukon Bay, im australischen Outback können Sie durchs Känguru-Gehege ganz nah ran an die Tiere, der typisch niedersächsische Bauerndorf Meyers Hof beheimatet Pferde, Kühe und Schafe, und im Kinderland Mullewapp können sich Ihre Kinder genauso austoben wie auf dem riesigen Kinderspielplatz mit Wasserzulauf. Kein Wunder, dass jährlich über 1,6 Millionen Besucher vom Erlebnis-Zoo Hannover begeistert sind!

Neben den über 20 kommentierten Fütterungen und Shows, den Tierschildern an jedem Gehege und den großen, gemalten Erlebnis-Schildern gibt es auch sogenannte Edutainment-Stationen (aus englisch »Education« = Bildung und »Entertainment« für Unterhaltung) – hier macht Lernen Spaß! Erfahren Sie, warum das Karibu jedes Jahr sein Geweih abwirft und woran man erkennt, ob ein Löwe schlecht gelaunt ist oder sein Reich verteidigt, und warum Zebras schwarz-weiß gestreift sind und wie sich dieses Fell anfühlt. Planen Sie als unbedingt ausreichend Zeit ein für Ihren Familienausflug in den Erlebnis-Zoo Hannover.

25 Ein Bier in der Bückeburger Schraubbar trinken

Zugegeben, wer die Bückeburger Schlossmauern hinter sich lässt und Richtung Bahnhof fährt, vermutet nach kleinen Kurven und weiten Feldern nicht wirklich eine Sehenswürdigkeit. Aber diese kleine Irrfahrt am Rand von Bückeburg entlang lohnt sich, denn hier befindet sich die Kult-Kneipe Schraubbar, die man unbedingt gesehen haben muss.

Das stillgelegte Fabrikgelände der historischen Kronenwerke strahlt schon von weitem einen ganz besonderen Charme aus. Und dort, wo Sie die alten Ölfässer vor der Tür sehen, ist der Eingang der Schraubbar. Sie betreten die Bar und stehen auf etwa 100 000 Kronkorken. Und egal in welche Richtung des Raums Sie gucken, Sie sehen an jeder Ecke Kuriositäten. So wurden z. B. alte Zapfsäulen zu Stehtischen umfunktioniert, und an den Wänden hängt eine Wellblechtapete.

Die Theke ist ein alter Bus, der sogar fährt, und zwar durch die Außenwand der Bar. Das ist kein Witz: Auf Knopfdruck öffnet sich das große Rolltor, der Bus setzt sich in Bewegung und fährt mit Originalgeräuschen (die allerdings vom Band kommen) durch die Hauswand!

Ihren Namen hat die Schraubbar nicht nur, weil der Besitzer an jeder Ecke selbst geschraubt und sich damit einen Lebenstraum verwirklicht hat, sondern auch weil eine Mietwerkstatt mit zum Konzept gehört. Sie befindet sich direkt nebenan.

Anfahrt A 2 bis Ausfahrt Bad Eilsen-West, B 83 Richtung Bückeburg, leicht rechts Richtung Hasengarten, im Kreisverkehr 1. Ausfahrt Mindener Straße/K 82 nehmen und weiter auf der K 82, links in die Friedrich-Bach-Straße/K 2, rechts in die Maschstraße, links in die Nordstraße; wo die Nordstraße zu »Am Bahnhof« wird, haben Sie die Lehnstraße erreicht.

Informationen Schraubbar Bückeburg, Mietwerkstatt und Kneipe, Lehnstr. 1, 31675 Bückeburg, Tel. 05722/919 62 44, www. schraub-bar.de, info@schraub-bar.de; die Speisekarte ist groß, die Preise sind unschlagbar.

Öffnungszeiten Fr/Sa 19–5 Uhr, sonst geschlossen.

Das reine
Wunder
der Natur
Unberührt seit 8.000 Jahren
VILSA
BRUNNEN
classic
NATÜRLICHES MINERALWASSER
VILSA

Anfahrt A 29 Richtung Wilhelmshaven, am Wilhelmshavener Kreuz rechts halten und den Schildern B 210 Richtung Wittmund/Jever/Schortens folgen, weiter Richtung Flughafen/Wangerooge/Carolinensiel/Jever-West ausfahren und auf die L 808, rechts abbiegen auf die Bahnhofstraße/B 461, links abbiegen auf »Am Harlesiel« und der Straße folgen, rechts abbiegen auf »Am Yachthafen«; in Harlesiel ist der Weg zum Fähranleger ausgeschildert, dort auf die Fähre nach Wangerooge.

Informationen Inselmuseum »Alter Leuchtturm«, Zedeliusstr. 3, 26486 Wangeroog Tel. 04469/83 24, inselmuseum@wangerooge.c www.leuchtturm-wangerooge.de.

Öffnungszeiten Hauptsaison: Mo–F 10–12/14–17 Uhr, Sa/So 10–12/14–17 Uhr; Nebensaison: Mo–Fr 10–13 Uhr, Sa/So 10–12/14–16 Uhr; bei Trauungen freitags häufig geschlossen.

Den alten Wangerooger Leuchtturm besteigen

26

In Harlesiel beginnt die Reise zum alten Leuchtturm. Von dort fährt die Fähre hinüber nach Wangerooge. Schon bei der Einfahrt in den Hafen sehen Sie die weißen Sanddünen, mit saftig grünem Gras bewachsen. Vom Schiff geht es mit der Inselbahn ganz gemütlich zum Bahnhof, von wo es nicht mehr weit ist bis zum Leuchtturm.

Rot-weiß reckt er sich vor Ihnen in den Himmel, der alte Wangerooger Leuchtturm – übrigens der erste Leuchtturm, auf dem sich ein Paar das Ja-Wort gab.

Mit etwas Glück können Sie hier auch ein echtes Urgestein kennenlernen: Wolfgang Scheffer, den ältesten Leuchtfeuerwärter von Wangerooge. Dem alten Mann ist es immer noch ein Vergnügen, selbst die Besucher an seinem früheren Arbeitsplatz herumzuführen. Während er mit einer Gruppe die Wendeltreppe zum Leuchtfeuer hinaufstapft, erzählt er auch gern mal Geschichten aus längst vergangenen Zeiten. Dann werden Sie sich direkt in die 1960er-Jahre zurückversetzt fühlen, als Scheffer hier noch selbst oben im Feuerraum stand und die Kohlestäbe in den Lampen austauschte.

Mehr als hundert Jahre lang wies der 1856 erbaute Turm den Seefahrern den Weg. 1878 konnten die Kapitäne das Licht 20 Seemeilen, also knapp 40 Kilometer, vor der Küste erspähen. Ein paar Jahre später hielt die Elektrizität Einzug in den Wegweiser am Meer. Trotzdem konnte der alte Turm mit dem technischen Fortschritt nicht mehr mithalten, und Ende 1969 erlosch das Licht für immer. Fortan übernahm ein voll automatischer, deutlich höherer Turm die Aufgabe.

Der alte Turm dient heute als Aussichtspunkt. Bis ganz hinauf müssen Sie aber erst mal 161 Stufen überwinden – Stufen, die sich lohnen! Denn öffnen Sie erst einmal die Tür zum Leuchtfeuer, haben Sie von hier oben einen grandiosen Ausblick über kilometerlange Dünen, über die Dächer der hübschen Wangerooger Häuschen und über das Meer bis zum Horizont.

Anfahrt Mit der Bahn: Hann. Münden liegt an der Bahnstrecke Göttingen–Kassel und ist per RE zu erreichen. Zahlreiche Bahnlinien berühren die Weser. Dadurch gibt es immer wieder Gelegenheit, den Zug zu nutzen. Minden, Nienburg, Verden und Bremen sind per IC erreichbar, Cuxhaven mit dem RE. Mit dem Auto: Hann. Münden liegt zwischen Kassel und Göttingen an der A 7. Cuxhaven ist über die A 1 und A 27 direkt erreichbar.

Information Tourist-Info: WeserKontor PublicRelation Promotion Projektmediation GmbH, Teerhof 34, 28199 Bremen, Tel. 0421/598 08 00, www.weser-radweg.de

Radeln auf dem Weserradweg

27

Satteln Sie Ihren Drahtesel, packen Sie eine Decke und ein kleines Picknickkörbchen ein – und schon kann es losgehen zur ganz besonderen Fahrradtour entlang der Weser. Der Weserradweg ist knapp 500 Kilometer lang, gut ausgebaut und in 15 Etappen unterteilt. Ob Sie eine davon fahren oder zwei Wochen Urlaub für den gesamten Weg einplanen, bleibt Ihnen überlassen.

Los geht's am Weserstein in Hann. Münden, wo Werra und Fulda sich »küssen«, vorbei am ehemaligen Benediktinerkloster in Bursfelde, in die Barockstadt Bad Karlshafen und, mit einem kurzen Stopp am Schloss Fürstenberg, weiter nach Höxter. Der Aufstieg zum Schloss ist zwar etwas beschwerlich, dafür werden Sie mit einer atemberaubenden Aussicht aufs Wesertal belohnt.

Baden, Planschen, Toben heißt es für Groß und Klein in der Freizeitanlage Höxter-Godelheim, bevor man weiter nach Holzminden, der »Stadt der Düfte und Aromen« fährt. Bei einem Rundgang können Sie die Stadt an 18 Duftstellen mit der Nase erkunden. Über Emmerthal fahren Sie bis in die Rattenfängerstadt Hameln, wo Sie zwischen April und Oktober eine Weser-Rundfahrt machen können. Ein kurzer Zwischenstopp in Rinteln lädt zum Bummeln ein, bevor es weiter nach Bad Oeynhausen, Petershagen und in die Spargelstadt Nienburg geht. Berühmt ist Nienburg u. a. für seine leckeren süßen »Bärentatzen«, die Sie, auf den Boden gemalt, auch durch die Stadt begleiten.

Von Nienburg fahren Sie an Hoya und – je nach Strecke – an Barme mit seinem Wolfscenter oder an Dörverden mit der Holländerwindmühle vorbei, dann weiter am Langwedeler Schleusenkanal entlang bis in die Innenstadt von Bremen, wo sich ein ausgiebiger Rundgang lohnt. Über die Seefahrerstadt Elsfleth mit dem Schifffahrtmuseum geht es entlang der beeindruckenden Airbuswerke bis zur Fähre, die Sie nach Bremerhaven bringt. Die letzte Etappe führt von Nordenham zum Ende des Weserradwegs nach Cuxhaven.

Anfahrt Das Gebiet der Spargelstraße erstreckt sich zwischen Braunschweig und Lüneburg, zwischen Bremen, Cloppenburg und Vechta, von Nienburg/Weser über Hoya nach Soltau; Das Spargelmuseum liegt am entgegengesetzten Ende der Leinstraße an der Auebrücke und ist zu Fuß vom Fresenhof/City-Treff in drei Minuten zu erreichen. Parkmöglichkeiten bieten der Parkplatz »Neumarkt«, Parkplatz »Theater« und Tiefgarage »Rathaus«.

Information Niedersächsiches Spargelmuseum, Leinstraße 48, 31582 Nienburg. Tel. 05021/916 58 06; www.museum-nienburg.de, info@museum-nienburg.de. **Eintrittspreise:** Erwachsene 4 €, Kinder bis 18 Jahre 1 €, Gruppen ab 10 Personen 3 €/Person.

Öffnungszeiten Di–Do 10–17 Uhr, Fr 10–13 Uhr, Sa (1.5.–31.8.) 14–17 Uhr, So 14–17 Uhr, Mo geschlossen.

Spargel essen auf Niedersachsens Spargelstraße

28

Rund 20 Prozent des deutschen Spargels kommen aus Niedersachsen. Die Niedersächsische Spargelstraße führt Sie durch die wichtigsten Anbaugebiete des schmackhaften Gemüses. Betriebsamkeit herrscht vor allem während der Saison auf den Feldern. Doch auf den 750 Straßenkilometern gibt es auch sonst noch jede Menge zu entdecken.

Mit dem Frühlingsbeginn prägen sie in Niedersachsen die Landschaft: die Spargel-Reihen. Und der Blick auf die Zahlen verrät, warum so viele Felder nötig sind: Pro Jahr isst jeder Deutsche mehr als ein Kilogramm – das sind mehr als 95 000 Tonnen Spargel! Die Pflanze hat es gern warm, weshalb die Bauern die Dämme mit Planen einpacken, um den Spargel früher stechen zu können. Denn am 24. Juni ist wortwörtlich letzter Stichtag, danach hat der Spargel Schonzeit.

Hofläden, Sehenswürdigkeiten und Gaststätten für einen Ausflug gesucht? Da liefert die kostenlose Broschüre der Niedersächsischen Spargelstraße jede Menge Anregungen und Ideen nach dem Motto »Entdecken und genießen«. Die Route verbindet die Regionen Hannover, Mittelweser, Lüneburger Heide, das Braunschweiger Land und das Oldenburger Münsterland. Die Broschüre gibt es im Internet unter www.niedersaechsische-spargelstrasse.de.

Ob nun klassisch weiß, violett oder grün: Schon die Chinesen wussten um den Wert des Spargels – als Heilmittel. Husten, Blasenbeschwerden und sogar Gelbsucht sollte das Gemüse lindern. Von den Römern in den Norden gebracht, war der Spargel auch im deutschen Sprachraum lange Zeit eher eine Arznei als ein delikates Gericht. Auf den Teller schaffte es der Spargel wohl erst im 17. Jahrhundert. Heute ist er aus der deutschen Küche nicht mehr wegzudenken: Klassisch kommt er mit Kartoffeln, Schinken und Sauce Hollandaise auf den Tisch.

Na, (Wissens-)Hunger bekommen? Dann beginnen Sie doch Ihre Rundreise am besten mit einem Besuch im Spargelmuseum in Nienburg/Weser.

Anfahrt Mit dem Auto über die A 7 oder die A 27; das Aller-Leine-Tal liegt verkehrsgünstig im Städtedreieck Hannover–Bremen–Hamburg. Mit dem Zug: Vom ICE-Bahnhof Hannover erreichen Sie das Aller-Leine-Tal mit der Heidebahn Richtung Soltau bis zu den Bahnhöfen Schwarmstedt und Hodenhagen.

Informationen Verein Flößerei Aller-Leine e. V., Tel. 0152/28 47 51 53, www.floesserei-aller-leine.de, www.aller-leine-tal.de. Nach Absprache können auch Fahrräder mit auf die Flo genommen werden. Den Rücktransport zum Ausgangsort müssen Sie selbst organisieren.

Fahrzeiten Die Flößer fahren an den W chenenden; für Gruppen können Termine nach Vereinbarung über den Flößerei Aller-Leine e. V gemacht werden.

Floß fahren im Aller-Leine-Tal

29

»Leinen los«, heißt es hier im Aller-Leine-Tal. Aus der alten Tradition des Flößens heraus entstand der Verein der Flößer Aller-Leine. Jedes zweite Jahr bauen die Mitglieder ein neues Floß nach altem Vorbild. Dabei lassen sie schon mal bis zu 22 Meter lange Baumstämme zu Wasser, die sie dann zu großen Holzflößen zusammenbinden.

»Eine Seefahrt, die ist lustig …« – und eine Floßfahrt auf der Aller ist zudem richtig entspannend. Lassen Sie sich einfach mal treiben! Vom Wasser aus bietet sich Ihnen ein ganz neuer Blickwinkel auf die Natur: Mit etwas Glück können Sie den Biber am Ufer entdecken und den Fischreiher bei der Jagd beobachten.

Von Mai bis September starten die Flößer in Bannetze jedes Wochenende zu einer Tour flussabwärts. Gefahren wird auf einem Ponton-Floß, das die Mitglieder aus der alten Hademstorfer Fähre gebaut haben. Das Geld, das die Flößer damit einnehmen, fließt in den Bau des Holzfloßes. Eifrig binden sie an einem Wochenende – meist im Juni oder Juli – die Stämme zusammen, um dann an fünf Tagen die Aller hinunter zu schippern.

Und egal, ob auf dem Ponton- oder dem Holzfloß: Wer mitfahren will, sollte nicht zögern, denn die Fahrten sind schnell ausgebucht. Generell bieten die Flößer Touren für Gruppen ab 16 Personen an, bei denen aber oft Plätze frei sind. Also auch als Familie steht einem feucht-fröhlichen Tag auf der Aller nichts im Wege.

Das Flößen hat hier Tradition: Die Route verläuft auf dem »Bremer Weg«. Auf den schwimmenden Flächen transportierten die Menschen einst Holzladungen zur Hansestadt. Und diesen alten Spuren können Sie folgen – ob nun in Bannetze, Marklendorf, Essel oder Hodenhagen: Entscheiden Sie selbst, wo Sie zu- und wieder aussteigen.

Und wenn Sie den ganzen Tag Zeit haben, können Sie die Floßfahrt auch ideal mit einer Radtour verbinden, denn genau neben dem Fluss verläuft der bekannte Aller-Radweg.

30 Schlachteplatte essen auf dem Kirchboitzer Markt

Kirchboitzen liegt mitten in der Lüneburger Heide. Der kleine Ort nahe der Stadt Walsrode wurde 1203 erstmals urkundlich erwähnt. Seit 300 Jahren ist der Boitzer Markt Anfang Oktober feste Tradition im Dorf. Zu den Feierlichkeiten rund um die Kirche gehört auch das Schlachteplatte-Essen, das Sie nicht versäumen sollten.

Der Startschuss für den Boitzer Markt, der meist am ersten Mittwoch im Oktober stattfindet, fällt morgens mit dem traditionellen Fassanstich. Der Ort gleicht dann einem großen Rummelplatz mit Fahrgeschäften und zahlreichen Imbissständen.

Ursprünglich war der Boitzer Markt einmal ein großes Schlachtfest. Der Termin richtete sich nach dem St. Michaelistag. Es war das Datum, an dem fast alle Kirchboitzer Bauern ihre Abgaben an den Grundherrn zu leisten hatten. Noch bis ins 20. Jahrhundert hinein kamen die Bauern aus den umliegenden Dörfern hier zusammen, um Vieh zu kaufen oder feilzubieten. Mittlerweile findet dieser Viehmarkt zwar nicht mehr statt, doch das Schlachteplatte-Essen ist immer noch ein fester Bestandteil der Feierlichkeiten und erfreut sich großer Beliebtheit.

In dem 700-Einwohner-Dorf herrscht an diesem Tag Ausnahmezustand. Quasi jeder Boitzer nimmt an dem Spektakel teil, aber auch aus der gesamten Region kommen die Menschen zum Markt nach Kirchboitzen. Zu jeder Menge Wurst und Fleisch gibt es dann gern auch mal ein hochprozentiges Schlückchen … Prost und viel Spaß mit der ganzen Familie in Kirchboitzen!

Anfahrt A 7 bis Dreieck Walsrode, dort auf die A 27 Richtung Bremen/Walsrode, bei Walsrode-West abfahren und auf der B 209 Richtung Walsrode/Rethem/Nienburg, rechts abbiegen auf die Verdener Straße/B 209, dann links abbiegen Richtung Kirchboitzen/K 114.

Informationen Zeitpunkt immer Anfang Oktober (Website in Überarbeitung).

Das Ritter-Räuberessen in Goslar genießen

31

Wenn die Ritter einst von ihren Beutezügen zurückkamen, wurde zünftig und rustikal gespeist. Besteck? Fehlanzeige! Die Hände waren Werkzeug genug. Haben Sie Lust, auch einmal eine kulinarische Zeitreise zurück ins Mittelalter zu machen? Dann sollten Sie unbedingt das Restaurant Zwinger im Batterieturm in Goslar besuchen.

Vom Turm aus verteidigten die Goslarer im Mittelalter ihre Stadtgrenze. In dem runden Gemäuer konnten die Bewohner die Geschütze an allen Seiten drapieren, um Angreifer, die sich vom nahen Rammelsberg näherten, abzuwehren.

Heute wird im »Zwinger« nicht mehr die Stellung, sondern es werden Messer und Gabel gehalten. In authentischer Kulisse genießen Sie im Erdgeschoss des Gebäudes ein deftiges Ritteressen. In dem historischen Restaurant können Sie mit vielen Leuten am großen Ritterbankett sitzen, mit der Familie in der Tafelrunde Platz nehmen oder auch nur zu zweit herzhaft speisen. Bei der »Mittelalterlichen Tafeley« erwarten Sie fünf rustikale Gänge: Nach dem Mühlenbrot mit Griebenschmalz und Kräuterquark folgt eine kräftige Bauernsuppe, und erst, wenn einer der Gäste die sogenannte »Giftprobe« überstanden hat, dürfen alle schlemmen. Da heißt es: Freiwillige vor! Sie als edler Ritter oder feine Hofdame wollen natürlich auch beim Essen unterhalten werden. Das übernimmt der Hofgaukler mit Wirtshausliedern, Zauberei, Gaukelei und jeder Menge Humor.

Im »Zwinger« in Goslar steht Ihnen also ein ganz besonderer Abend bevor. Die einzige Bedingung für Sie lautet: Bringen Sie großen Hunger mit!

Information Restaurant im Zwinger zu Goslar, Thomasstr. 2, 38640 Goslar/ Harz; Tel. 05321/48 03; www.zwinger.de/restaurant-ritteressen.php; www.erlebnisschmaus.de. **Preis:** 64 €/Person (zzgl. Getränke und eventueller Gebühren).

Anfahrt Über die A 7 bis Ausfahrt Schwarmstedt und dann der B 214 in Richtung Schwarmstedt/Nienburg folgen; das Café befindet sich am Ortsausgang von Schwarmstedt kurz vor der Leinebrücke.

Informationen Antiquitäten-Café Schwarmstedt, Am Hohen Ufer 1, 29690 Schwar stedt, Tel. 05071/27 37, www.antiquitaeten-cafe.

Öffnungszeiten Fr–So/feiertags von 19 Uhr (Buchungen für Anlässe jederzeit möglic

Torte essen im Antiquitäten-Café in Schwarmstedt

32

Hinter dem schmiedeeisernen Tor am Ortsausgang von Schwarmstedt beginnt eine andere Welt: Hier stehen, unter alten Eichen inmitten eines Rhododendronparks, drei wunderschöne Fachwerkhäuschen. Es duftet verführerisch nach selbst gebackenem Kuchen und frisch aufgebrühtem Kaffee – das ist die Welt von Heidrun Hubert-Rummel.

Von Trödel bis Antiquitäten sammelt sie alles und stellt es hier zusammen aus: Puppen, Schmuck, Porzellan, Bilder, Möbel … Den üblichen Staub eines Trödelladens werden Sie im Antiquitäten-Café allerdings vergeblich suchen, denn regelmäßig wird jedes einzelne Stück in die Hand genommen und abgestaubt.

Gefällt Ihnen das Sofa, auf dem Sie sitzen? Oder mögen Sie das Geschirr, von dem Sie Ihren Kuchen essen? Dann nehmen Sie es doch einfach mit! Außer dem Personal steht hier nämlich alles zum Verkauf.

Die Chefin steht Ihnen dabei nicht nur als Beraterin für Antiquitäten hilfreich zur Seite, sondern berät Sie auch leidenschaftlich gern zum Thema selbst gebackene Kuchen und Torten. Hier ist jeder willkommen, der Motorrad-Fan ebenso wie kleine und große Familien, denn Frau Hubert-Rummel freut sich besonders, dass viele der ehemaligen Kindergäste heute als Erwachsene immer wieder zu Besuch kommen. Die Gäste wiederum schätzen die besondere Gastlichkeit und sitzen im Sommer gern auf der herrlichen Gartenterrasse und blicken auf die ruhig dahinfließende Leine.

Selbst an den vierbeinigen Gast wird im Antiquitäten-Café gedacht: Die Wasserschüssel ist immer mit frischem Wasser gefüllt, und Frau Hubert-Rummel hat sogar ein eigenes Gästebuch für Hunde angelegt, in dem sich Ihr Liebling mit einem freundlichen »Wuff« verewigen darf.

Und selbst wenn Sie sich nicht in eines der Stücke verlieben, die Sie in den unzähligen Vitrinen oder auf den Regalen stehen sehen: Ein Stück selbst gebackene Erdbeertorte wird Ihr Herz ganz sicher höher schlagen lassen!

Anfahrt Über die A 7 bis Walsrode, dort auf der A 27 Richtung Bremen/Walsrode, am Bremer Kreuz den Schildern zur A 1 folgen Richtung Osnabrück/Flughafen Bremen, dann der Beschilderung Richtung Oldenburg/Delmenhorst/Stuhr folgen, am Kreuz Oldenburg-Ost rechts Richtung A 29 Wilhelmshaven, bei der Ausfahrt Varel/Obenstrohe Richtung Varel fahren; dort angekommen, kann Ihnen jeder Einheimische genau sagen, wie Sie zur kleinsten Kneipe der Welt kommen.

Informationen Alle Infos von »Up'r Prüfstand« über: Fischrestaurant Gaststätte »Vareler Hafen«, Am Hafen 7, 26316 Varel, Tel. 04451/ 21 61, www.vareler-hafen.net.

Öffnungszeiten Nach Anfrage übe Gaststätte »Vareler Hafen«.

Ein Bier in der kleinsten Kneipe der Welt trinken

33

Gehen Sie zwei große Schritte nach vorne und dann zwei zur Seite. Das sind in etwa 4,5 Quadratmeter – und genau so groß ist die wohl kleinste Kneipe der Welt! Das kleine, rote Backsteingebäude steht am Hafen in Varel, und die Geschichte der winzigen Kneipe »Up'n Prüfstand« fing schon recht kurios vor mehr als 20 Jahren an.

1937 wurde das Häuschen für eine Waage für Fischmehl und Garnelen erbaut. Anfang der 1970er-Jahre diente das Backsteinwerk dann als Bremsenprüfstand für Lkws – daher auch der Name der Kneipe: »Up'n Prüfstand«. Dazwischen lag dann noch eine heitere Runde Skat. Am Spieltisch saß unter anderem der Mann der heutigen Besitzerin Uschi Reents – und der bekam das Häuschen am Ende des Abends vom Besitzer geschenkt.

Eine Schnapsidee, dachten sich die Reents zuerst. Doch dann wurde aus dem Spaß Ernst: Ein neues Dach, Wasser- und Stromanschluss, eine Holzvertäfelung und eine Theke mit Zapfanlage – fertig war die kleinste Kneipe der Welt.

Einen Eintrag im Guinness Buch der Rekorde gibt es zwar nicht, doch die Fläche von 4,5 Quadratmetern ist wohl kaum noch zu unterbieten. Der Gäste-Rekord liegt bei 14 Menschen gleichzeitig im Gastraum, Stammgäste zählt das »Up'n Prüfstand« acht. Und Tische und Stühle: keine! Die würden zu viel Platz wegnehmen.

Meist zapft die Wirtin das Bier in ihrem Restaurant nebenan und bringt die Bestellung über die Straße. Ab 20 Personen sticht Uschi Reents dann auch mal ein Fass an – dann herrscht ein fliegender Wechsel zwischen Tresen und Tür.

Und sollte diese im Winter mal verschlossen sein: Einfach im Restaurant nachfragen. Uschi Reents drückt Ihnen dann auch gern mal einfach den Schlüssel in die Hand, damit Sie die Tür selbst aufschließen können. Im Sommer steht sie hingegen immer offen, damit jederzeit Touristen Fotos von der kleinsten Kneipe der Welt machen können.

Anfahrt Über die A 7, am Autobahnkreuz Walsrode rechts halten und auf die A 27 Richtung Bremen/Walsrode fahren und bei Bremen-Nord auf die B 74 Richtung Osterholz-Scharmbeck.

Informationen Buchungen nimmt gern das Osterholzer Reisebüro für Sie an: Findorffstr. 9, 27711 Osterholz-Scharmbeck, Tel. 04791/98 53 76, www.torfkahnschiffer-ohz.de. Buchung über die Internetseite oder per Telefon (04791/98 53 76). **Preis:** 195 € (16 Personen max.).

Fahrzeiten 1. Mai bis Ende Oktober.

Torfkahn fahren in Osterholz-Scharmbeck

34

Schon seit dem 17. Jahrhundert wurde das Teufelsmoor in Osterholz-Scharmbeck besiedelt. Es war nicht immer leicht, dort im feuchten und kalten Moorboden das Leben zu meistern. Doch die Einwohner in Osterholz-Scharmbeck wussten mit der Situation bestens umzugehen. Sie wurden einfach Moorbauern.

Früher schifften die Moorbauern ihren Torf mit dem Kahn aus dem Teufelsmoor nach Bremen. In kleinen Booten fuhren sie auf dem Fluss in die Hansestadt und verkauften dort ihren Torf. Heute findet diese Art des Handels selbstverständlich nicht mehr statt, doch die Torfkähne sind immer noch im Einsatz. Wo früher das Torf gelagert wurde, sitzen heute Touristen und lassen bei einer gemütlichen Torfkahnfahrt die Natur und die Umgebung auf sich wirken.

Zugegeben, es ist schon etwas wackelig, wenn man in den Kahn einsteigt. Aber wenn die Tour erst einmal gestartet ist, möchte man nicht mehr raus. Die rotbraunen Segel werden in den Wind gedreht und bringen das Boot in Fahrt. Gemütlich schippern Sie durch das Teufelsmoor, vorbei an Feldern und Wiesen – hier ist die Welt wirklich noch in Ordnung. Und nebenbei erzählt der Torfkahnschiffer Ihnen tolle und witzige Geschichten.

Nach der Tour sollten Sie noch das Torfschifferpatent erwerben. Dazu müssen Sie in der Museumsanlage Osterholz-Scharmbeck nur die theoretischen und praktischen Prüfungen bestehen. Als Aufgaben erwarten Sie dort in der Theorie die Einführung in das Museum für Schiffahrt und Torfabbau und die Moor- und Torfkunde und in der Praxis eine Plattdeutsch-Prüfung, der Stakweitsprung, die Torfstaffel, der Metertrunk und der Holzschuhweitwurf. Nebenbei erfahren Sie auch noch viel Interessantes über den Torf und seinen Abbau, wenn Sie sich der Führung mit dem Torfkommisar Jürgen-Christian Findorff anschließen.

Wer hätte gedacht, dass Torf so viel Spaß machen kann – in Osterholz-Scharmbeck kann man Ihnen einen ganzen Tag damit verschönern!

Anfahrt Aus Richtung Süden: A 7 bis Autobahnkreuz Salzgitter, weiter Richtung Braunschweig, dann Stadtautobahn Richtung Lüneburg-Gifhorn bis Uelzen und Richtung Dannenberg, 1 km nach Uelzen (Oldenstedt) rechts Richtung Lüchow (B 493) bis Küsten, 2 km nach Küsten an der Kreuzung beim Hinweisschild »Lübeln-Freilichtmuseum-Kartoffel-Hotel« rechts ab; das Kartoffel-Hotel ist das erste Gebäude links im Dorf. Oder von Norden: Autobahn bis Lüneburg, vor Lüneburg B 4 Umgehungsstraße Richtung Uelzen bis Ausfahrt Dannenberg, weiter nach Metzingen, dort rechts Richtung Lüchow/Pudripp, auf der Kreisstraße übe alle Kreuzungen; die Straße endet vor der Tür des Hotels.

Informationen 1. Deutsches Kartoffe Hotel, OT Lübeln 1, 29482 Küsten-Lüchow, Tel. 05841/13 60, www.kartoffel-hotel.de, office@k toffel-hotel.de. **Zimmerpreise:** DZ p. P./Tag 50 DZ an Wochenenden/feiertags p. P./Tag 55 €, EZ p. P./Tag 55 €, EZ an Wochenenden/feiertag p. P./Tag 65 €.

Im Kartoffel-Hotel übernachten

35

Sie ist aus fast keinem deutschen Hauptgericht wegzudenken und lässt sich variantenreich zubereiten – die Kartoffel. In den ländlichen Gegenden Niedersachsens reiht sich ein Kartoffelhof an den anderen, aber nur auf einem Hof können Sie stilecht in »Granola« oder »Cilena« übernachten: im Kartoffel-Hotel in Lübeln.

Die nach Kartoffelsorten benannten Zimmer sind sehr niedlich und hell und freundlich gestaltet. Die Zimmerschlüssel hängen an Tonkartoffeln, und im Restaurant dreht sich ebenfalls alles um das Nachtschattengewächs. Wer auf die Erdäpfel auf dem Teller nicht verzichten mag, ist hier genau richtig: Ob Puffer, Bratkartoffeln oder Kartoffelauflauf, Püree, Kartoffelgulasch oder Pellkartoffeln – hier gibt es für jeden Geschmack etwas. Zum Nachtisch wird Kartoffeltorte serviert und natürlich: ein Kartoffelschnaps.

Die Erdäpfel lassen auch die Pfunde purzeln. Probieren Sie doch einfach mal eine Kartoffeldiät aus. Und auch die Wellnessbehandlungen wie Gesichtsmasken bestehen aus – jawohl, richtig geahnt: Kartoffeln!

Aber dieses umfangreiche Repertoire rund um die Knolle entstand eher aus einer Not heraus. 1990 war ein schlechtes Jahr für die Heu- und Strohernte, doch im Ferienclub Lüneburger Heide standen 80 Pferde, die versorgt werden mussten. Da kam den Betreibern eine Idee:

Die Landwirte, Obstbauern und Winzer, die zu einem Verwöhnwochenende angereist waren, könnten doch mit Naturalien bezahlen. Eine Preisliste wurde festgelegt. Doch der Plan ging nach hinten los: Wegen des niedrigen Kartoffelpreises wählten die meisten die Knolle als Währung …

Tonnen von Kartoffeln türmten sich nun auf dem Hof – mit einer Rezept-Offensive und vielen weiteren Ideen wurden die Betreiber wieder Herr der Lage, und das mit ungeahnt großem Erfolg. Dieser hat sich im kurz darauf eingerichteten Kartoffel-Hotel in Lübeln bis heute fortgesetzt.

36 Die Thülsfelder Talsperre erklimmen

Die Thülsfelder Talsperre im Oldenburger Münsterland liegt in einer wunderschönen Naturlandschaft – und die können Sie quasi von Baum zu Baum erkunden, denn um den malerischen Stausee herum gibt es einen abwechslungsreichen Kletterwald. Die Anlage liegt direkt neben dem Tierpark Thüle und gilt als eine der besten Deutschlands.

Schweben Sie förmlich über den Stausee in dem Parcours »S-Bahn« im Kletterwald Nord. Eine »Seilbahn übers Wasser« verbindet zwei Waldstücke am Ufer – nur Fliegen ist schöner! Schritt für Schritt kommen Sie an Seilen, durch Netze, über Hängebrücken und an Kletterwänden zum Ziel.

Auf einer Fläche von rund 660 Fußballfeldern sind im Erholungsgebiet Thülsfelder Talsperre noch viele weitere Freizeitmöglichkeiten entstanden. Campingplätze laden zum Urlaubmachen ein. Und egal, was Sie bevorzugen, ob Ferienwohnung, Familienanschluss auf dem Bauernhof oder im Hotel – für jeden Geschmack ist hier etwas dabei.

Auf einem Golfplatz können Sie dann ganz entspannt Bälle einlochen, oder Sie starten zu einer ausgiebigen Fahrradtour. Oder Sie laufen mit einer Besucherführerin über den sechs Kilometer langen Rundwanderweg und lassen sich bei Anekdoten über Land und Leute durch das wunderschöne Naturschutzgebiet lotsen.

Anfahrt Auf der A 1 Richtung Osnabrück/Flughafen Bremen bis Ausfahrt Cloppenburg, dann in die Emsteker Straße/B 72/E 233 Richtung Emstek/Lingen/Meppen einfädeln, weiter auf der B 72/E 233 bis Ausfahrt Friesoyther Straße/B 27, Richtung A 28 Aurich/Friesoythe und weiter auf der B 72, dann links abbiegen auf Drei-Brücken-Weg – Sie haben das Ziel erreicht.

Informationen Erholungsgebiet Thülsfelder Talsperre e. V., Eschstr. 29, 49661 Cloppenburg, Tel. 04471/15-256, info@thuelsfelder-talsperre.de, www.thuelsfelder-talsperre.de.

Öffnungszeiten Das Infozentrum »Erholungsgebiet Thülsfelder Talsperre e. V.« können Sie von Mo–Fr 9–12.30 Uhr und Sa 10–13 Uhr erreichen.

Motorrad fahren durch den Harz

37

Eine Motorradtour durch den Harz ist ein absolutes Muss für jeden Biker. Hier erleben Sie die Schönheit der Natur hautnah. Es geht dabei nicht um Geschwindigkeit, sondern um den puren Genuss des Motorradfahrens, wenn Sie sich Kurve für Kurve, durch herrliche Wälder, den Weg hinauf bahnen.

Von Goslar aus fahren Sie über breite Straßen und durch lang gezogene Kurven Richtung Osten nach Bad Harzburg. Ein kleiner Spaziergang im Kurpark oder ein Kaffee in der Sonne, und schon lockt der nächste Streckenabschnitt nach Wernigerode. Über die kurvenreiche Landstraße erreichen Sie den Ort. Besuchen Sie hier das Schloss, oder bummeln Sie gemütlich durch die kleine Innenstadt, bevor es über die B 244 und die B 27 Richtung Blankenburg geht.

Mal kleinkurvig, mal in lang gezogenen Bögen, den Wald meist neben sich, fahren Sie weiter auf der B 242. Hinter Hasselfelde geht's links ab Richtung Benneckenstein und durch schmale Gassen weiter nach Braunlage. Die schieferverkleideten Häuschen in diesem Wintersportort sind typisch für den Harz.

Am Ortsende biegen Sie rechts ab nach St. Andreasberg. Vorbei an der Sösetalsperre geht es nach Osterode. Dort abzusteigen ist Pflicht, denn Sie müssen sich unbedingt den Kirchturm auf dem Marktplatz anschauen. Auf der B241 fahren Sie nun weiter bis zur Bergwerksstadt Clausthal-Zellerfeld, die übrigens über Europas größte Holzkirche verfügt.

Und sollten Sie lieber eine andere Tour durch den Harz planen wollen, finden Sie hier ein paar Bikertreffs, wo Sie Gleichgesinnte treffen:
- Biker-Treff Torfhaus, Parkplatz an der B 4, Torfhaus 38, 38667 Altenau
- Okertalsperre – Brückenschänke, B 498, 38640 Goslar-Oker
- Hexenhaus in Bikers Lodge Harz, B 27, 37512 Odertaler Sägemühle
- Harz Break, Dietrichstal 7, 37431 Bad Lauterberg
- »Der Windbeutel-König«, Gemkenthal 1 / an der B 498, 38707 Altenau
- Okertalsperre Okerterrassen, An der Staumauer 2, 38707 Schulenberg

Anfahrt Über die A 7, am Dreieck Walsrode rechts halten und Richtung A 27 Bremen/Walsrode, am Bremer Kreuz Richtung A 1 Osnabrück/Flughafen Bremen fahren, den Schildern in Richtung Oldenburg/Delmenhorst/Stuhr folgen, am Dreieck Oldenburg-West den Schildern der A 28 Richtung Bad Zwischenahn/Groningen folgen bis Ausfahrt Leer-Ost, dann auf die B 436 Richtung Leer-Hafen; von dort können Ihnen alle Einheimischen den Weg zur Fähre erklären.

Informationen Kontakt für die Pünte in Leer/Wiltshausen über: Landgaststätte zur Jümme-Fähre, Amdorfer Str. 101, 26789 Leer/Wiltshausen, Tel. 0491/718 66, www.puente-leer.de. **Preise für eine Überfahrt:** 1 €/Person, 1,50 € mit Fahrrad, 4 € für ein Auto inkl. Fahrer.

Fahrzeiten Mai–Sept. und in dieser Zeit von Mi–So.

Mit der Pünte-Fähre über die Jümme setzen

38

In Ostfriesland gibt es nicht nur Dünen und Teestuben, sondern auch ganz besondere Volksfeste – beispielsweise in Wiltshausen, einer kleinen Ortschaft im Leeraner Stadtteil Loga, wo jedes Jahr am 1. Mai auf den Saisonbeginn der Pünte-Fähre angestoßen wird. An diesem Tag nimmt sie nämlich traditionell ihren Betrieb auf.

Die Pünte Wiltshausen ist die mittlerweile älteste handgezogene Fähre Nordeuropas. Bereits im 16. Jahrhundert transportierte sie zuverlässig Menschen und Tiere zwischen Amdorf und Wiltshausen über die Jümme. Heute passen, statt Pferde und Schafe, bis zu drei Pkws und bis zu 30 Personen auf das unmotorisierte Schiff, das von Mai bis September in Bewegung ist. Nur durch reine Muskelkraft wird dieses mit einer Kurbel durch das Wasser der Jümme gezogen.

Dass die Pünte-Fähre auch heute noch Touristen und Einheimische über den kleinen Fluss bringt, verdankt sie nur und ausschließlich der Liebe und Leidenschaft der Einheimischen. 1975 wurde der Fährbetrieb nach fast 400 Jahren aus Kostengründen eingestellt. Das wollten die Leeraner auf keinen Fall zulassen. Kurzerhand gründeten die Pünte-Fans den »Verein zur Förderung und Erhaltung der historischen Pünte als Denkmal auf dem Wasser e. V.« und sorgten so dafür, dass der Betrieb 1988 wieder aufgenommen wurde. Seit 2002 steht die Pünte sogar unter Denkmalschutz.

Der Verein hatte von Anfang an Hunderte einheimische Mitglieder, mittlerweile gehören aber auch Dutzende Mitglieder in Amerika, Asien oder Australien dazu. Selbst Menschen, die die Jümme nie selbst gesehen haben, sondern nur von Freunden oder Verwandten von der kleinen ostfriesischen Pünte-Fähre gehört haben, unterstützen das Projekt.

Wenn Sie also mal erleben wollen, wie für einen kleinen Augenblick die Zeit stehenbleibt, dann besuchen Sie mittwochs bis sonntags die Pünte-Fähre, und lassen Sie sich gemütlich vom Steuermann über den Fluss ziehen.

Anfahrt

A7, Abfahrt Nr. 62 Hildesheim, auf die B1 wechseln in Richtung Hameln und durch die Stadt Hildesheim fahren. Nach ca. 7 km Ortseinfahrt Mahlerten, rechts abbiegen nach Nordstemmen. Sie sehen Schloss Marienburg vor sich liegen. Durch die Ortschaft Nordstemmen fahren, im 2. Kreisel in Nordstemmen die 3. Ausfahrt in Richtung Adensen nehmen und der Ausschilderung folgen.

Information

Schloss Marienburg, Marienberg 1, 30982 Pattensen, Tel. 05069/34 80 00, www.schloss-marienburg.de, office@schloss-marienburg.com. **Eintrittspreise:** Erwachsene 9 €, Kinder (6–17 Jahre) 6,50 €, Kinder bis 5 Jahre frei

Öffnungszeiten

4.3.–31.5. und 1.9.–5.11. Di–So 10–18 Uhr, 1.6.–31.8. Mo–So 10–18 Uhr, 6.11.–23.12. 11–16 Uhr; eine Besichtigung ist nur im Rahmen einer Schlossführung möglich, diese finden meist zwischen 10 und 17 Uhr statt.

Das Schloss Marienburg in Pattensen besuchen

39

Es war es ein Geschenk von König Georg V. an Königin Marie: Das wunderschöne Schloss Marienburg in Pattensen ist ein wahres Märchenschloss. Hier spürt man die romantische Seite Niedersachsens. Machen Sie sich also auf zu einer spannenden Reise in die Vergangenheit mit Rittern und Hofdamen.

Manchmal ist Geschichte etwas dröge – doch Ihr Weg nach Pattensen zum Schloss Marienburg wird ganz sicher zu einer spannenden Zeitreise. Im Landkreis Hildesheim ist man stolz auf das Geburtstagsgeschenk von König Georg V., und noch heute wird das Schloss vom Welfen Ernst August VI. Prinz von Hannover bewohnt, der auch immer noch ein Büro dort hat.

Fühlen Sie sich wie Prinz und Prinzessin, und schlendern Sie durch die prunkvollen Räume. Schon das Schlossportal wird Sie beeindrucken. Wie ein echtes Märchenschloss thront die Marienburg hoch auf dem Marienberg. Kaum haben Sie die Schwelle in die Märchenwelt übertreten, genießen Sie einen unvergesslichen Anblick: Kronleuchter hängen von den hohen Decken, und alte Möbel stehen so da, als ob sie gerade erst dort hingestellt worden wären.

Lassen Sie sich in einer interessanten Führung die Geheimnisse der Marienburg erklären. Die Sage von den Zwergen im Marienberg wird Sie sicher auch interessieren, und wenn Sie eine ganz besondere Führung erleben möchten, dann machen Sie einfach die Theaterführung mit. Bei diesem Highlight wird die Geschichte nicht erzählt, hier wird sie Ihnen direkt vorgespielt.

Ein weiteres Muss ist der Aufstieg auf den Schlossturm. Bei schönem Wetter haben Sie einen unglaublichen Blick über die Landschaft und tolle Motive für Ihre Erinnerungsfotos.

Zum Abschluss Ihres Märchentages genießen Sie in den alten Schlossstallungen ein leckeres Essen, denn dort wurde inzwischen ein fantastisches Restaurant untergebracht.

Mit Huskys durchs Moor in Ridderade fahren

40

Abenteuer pur erleben Sie in Ridderade bei Twistringen im Landkreis Diepholz. Wunderschöne polarblaue, wache Augen schauen Sie tief an, wenn Sie das Gelände des Huskyhofs betreten. Das dichte, meist grau-weiße Fell und die aufmerksam gespitzten Ohren – schon allein das Betrachten der Schlittenhunde wird Sie faszinieren.

Was Sie bisher vielleicht nur aus dem Fernsehen kennen, Hunde, die ihre Schlitten durch weite Schneelandschaften ziehen, können Sie hier selbst erleben – und dazu muss noch nicht einmal Schnee liegen. Neben den Schlitten hat Familie Kranz auch Wagen mit Rädern im Angebot, auf denen Sie von sogenannten Mushern – den Hundeschlittenführer – durch die Heidelandschaft und das Moor gefahren werden. Allerdings brauchen die Hunde Temperaturen von maximal 10 °C; daher sind Touren nur von Ende September bis etwa Mitte April möglich. In den Wägen haben drei bis vier Personen Platz – perfekt also, um mit der ganzen Familie hier einen Tag zu verbringen.

Übrigens holt Familie Kranz regelmäßig Tiere aus Tierheimen und gibt ihnen hier auf dem Huskyhof ein neues Zuhause. Ob Sie die k eine Schnupperrunde oder die Mondscheintour buchen, bei der Sie dem Sonnenuntergang entgegenfahren und danach gemütlich am Lagerfeuer sitzen: Der Besuch in Ridderade auf dem Huskyhof ist ein ganz besonderes Erlebnis.

Anfahrt Auf der B 6 (Westschnellweg) links abbiegen auf die B 214/Sulinger Straße, nach 22 km rechts auf die B 61, nach 7 km links auf die L 341/Anstedt, nach 8 km links auf die K 102/Brelloh, dann links abbiegen auf Borwede, auf Borwede bleiben und geradeaus nach Ridderade.

Informationen Norbert Kranz, Ridderade 47, 27239 Twistringen, Tel. 04246/ 96 45 81, hundetouren@web.de, www.hundetouren.de. **Preise:** Schnuppertour 69 €/ Person, Mondscheintour 299 €/2 Personen, Große Erlebnistour 149 €/Person.

Öffnungszeiten Ab Mitte Okt. bis April; dabei sollten die Außentemperaturen +10 °C nicht überschreiten.

41 Das Oktoberfest in Ballenhausen feiern

Es liegt nicht in Bayern, nicht mal in der Nähe. Es hat keine Berge, und man kauft hier auch keine Semmeln, sondern Brötchen. Trotzdem wird in Ballenhausen bei Göttingen jedes Jahr zünftig Oktoberfest gefeiert – allerdings mitten im März! Ausgedacht haben sich das fünf Jugendliche, die die heimische Kirmes etwas »aufpeppen« wollten.

Die jungen Ballenhausener zwischen 20 und 30 Jahren stellen seit 2011 mitten im März ein Oktoberfest mit allem Drum und Dran auf die Beine. Auf die Frage: »Warum im März?«, antworten sie mit: »Im Oktober kann doch jeder!« Und das »kleine« Oktoberfest hat viel zu bieten: Am Freitag wird traditionell der Schützenkönig bekannt gegeben und das Fest eröffnet. Am Samstag folgt ein Festumzug mit Musikkapelle und zahlreichen bunt geschmückten Festwagen. Und am Sonntag sind abschließend alle zum traditionellen Frühschoppen eingeladen. Für Ihr leibliches Wohl wird dabei natürlich gesorgt.

Gefeiert wird im Sporthaus des Ortes, das vom Organisationsteam liebevoll dekoriert wird: Brezen hängen von der Decke, blau-weißes Scheinwerferlicht taucht den Saal in eine bayerische Atmosphäre, und alle Gäste, die hier im Sporthaus zusammenkommen, tragen Tracht. Und doch werden Sie merken, dass Sie mitten in Niedersachsen sind – wenn nämlich die Blaskapelle einmarschiert, das Niedersachsenlied anstimmt und alle Besucher »Wir sind die Niedersachsen« schmettern.

Anfahrt Von Norden und Süden über die A 7, am Dreieck Drammetal rechts halten und der A 28 Richtung Leipzig/Halle/Nordhausen folgen bis Ausfahrt Dramfeld, Richtung Jühnde fahren, links auf die L 564, auf der L 564 bleiben, dann rechts auf die B 27, links auf die K 21, dann leicht rechts ab auf Johannisstraße in Ballenhausen.

Informationen Oktoberfest im Sporthaus Ballenhausen (Location kann bei großer Nachfrage wechseln!), 37133 Ballenhausen, http://ballenhausen.de. **Preise:** Vorverkauf 9 €, Abendkasse 10 €.

Zeitpunkt Jedes Jahr im März, Beginn 19 Uhr.

Baden und Campen am Hartensbergsee

42

Am Rand von Goldenstedt im Landkreis Vechta, inmitten von Feldern und Wäldern, liegt der Erholungspark Hartensbergsee. Seinen Namen verdankt er dem sieben Hektar großen Badesee mitten im Erholungsgebiet. Der Hartensbergsee lockt mit einem schönen Sandstrand, Schatten spendenden Bäumen und großen Liegewiesen.

Nur zwei Minuten vom kühlen Nass entfernt befindet sich der Campingplatz Huntetal. Also, Zelt, Isomatte und Schlafsack eingepackt – und los geht's. Falls es Ihnen dabei an Komfort fehlt, kein Problem: Neben den vielen Stellplätzen für Wohnmobile verfügt der Campingplatz auch über voll ausgestattete Hütten, in denen Sie kochen und schlafen können.

Tagsüber warten viele Freizeitaktivitäten auf Sie: Schwimmen im glasklaren Wasser des Badesees, Sandburgenbauen am Strand, ein gutes Buch auf der Liegewiese in der Sonne lesen. Oder spielen Sie mit Ihren Kindern Minigolf, trinken Sie einen Kaffee im Strandcafé und machen Sie mit einem Leih-Fahrrad einen Ausflug in die Umgebung.

Ein besonderes Highlight ist die jährliche Papp-Regatta. Immer am zweiten Augustwochenende werden große Papierboote mit mindestens zwei Besatzungsmitgliedern zu Wasser gelassen, die schnellstmöglich eine Strecke über den See zurücklegen müssen. Ein großer Spaß für Teilnehmer und Zuschauer!

Anfahrt Über die B 6, links abbiegen auf Sulinger Straße, rechts auf die B 61, links auf die L 341/Anstedt, wieder links auf die K 102/Brelloh, rechts ab auf die K 101/Hauptstraße, auf der K 101 bleiben, dann links auf die L 342/Natenstedt, rechts auf die L 882/Hauptstraße, rechts in die Straße Zur Lieth und wieder rechts ab in die Adolf-Kolping-Straße.

Informationen Camping-Mobilheimplatz Hartensbergsee, Kontakt über: Gäste- und Touristikverein, Tiefer Weg 14, 49424 Goldenstedt, Tel. 04444/967 97 43, www.hartensbergsee.de.

Öffnungszeiten Ganzjährig geöffnet, Reservierung empfehlenswert.

Anfahrt Von Süden/Westen über die A 7 Richtung Braunschweig, von Norden/Osten über die A 2 Richtung Braunschweig; der Elm liegt östlich von Braunschweig.

Informationen Tourismusgemeinschaft Elm-Lappwald e. V., Südertorstr. 6, 3835[illegible] Helmstedt, Tel. 05351/121-14 44, www.elm-lappwald.de, tourist@elm-lappwald.de.

Spazieren gehen im Elm

43

Lassen Sie den Alltag einfach mal hinter sich, und tauchen Sie ein in den Elm. Der Mittelgebirgszug erstreckt sich über 25 Kilometer in den Landkreisen Helmstedt und Wolfenbüttel. Hier finden Sie den größten Buchenwald Norddeutschlands, kleine Berge und Flüsse. Ausspannen und die Natur genießen – so lautet im Elm die Devise.

Der höchste Punkt des Mittelgebirgszugs befindet sich 323 Meter über dem Meeresspiegel am Eilumer Horn nahe Erkerode. Bei schönem Wetter können Sie vom Elm aus eine wunderbare Aussicht genießen: Die Städte Braunschweig, Wolfsburg, Helmstedt und Wolfenbüttel sind in Sichtweite!

Beim Spaziergang werden Sie auf viele sogenannte Erdfälle treffen. Die runden, trichterförmigen Vertiefungen prägen das Landschaftsbild. In den Hochebenen finden Sie viele Erdkrater. Weiter unten hat sich darin Wasser gesammelt, sodass sie wie kleine Tümpel aussehen. Der Elm ist reich an Kalksteinen, Gips und Salzgestein. Das Grundwasser löst diese mit der Zeit auf, und wird der Hohlraum zu groß, stürzt das Erdreich in die Tiefe – und das bis zu 15 Meter!

Um diese Einstürze ranken sich viele Sagen, wie etwa um den »Bornumer Erdfall«, den größten im Elm. Folgendes soll sich nahe Königslutter zugetragen haben: Einst soll dort eine beeindruckende Raubritterburg gestanden haben. In einer schlimmen Sturmnacht soll das ganze Anwesen wie aus dem Nichts in die Tiefe gerissen worden sein. Wasser habe das Loch geflutet und Mann und Maus ertränkt. Noch heute sollen nachts immer wieder die verzweifelten Rufe aus dem Wasser ertönen, heißt es am Ende der Geschichte.

Bei Einbruch der Dunkelheit kehren Sie also am besten in einem der Restaurants und Cafés ein, wie z.B. in der historischen Waldgaststätte Tetzelstein oder im Gasthaus »Zur Schunterquelle«. Dort können Sie sich dann für den langen Spaziergang mit einem leckeren Essen selbst belohnen.

Anfahrt Über die A 2 bis Ausfahrt Lehre, der B 248 Richtung Lehre und dann der Ausschilderung folgen. Oder über die A 39 bis Ausfahrt Cremlingen, auf der L 635 Richtung Hordorf, weiter Richtung Essehof und dann der Ausschilderung folgen. Die Parkplätze am Tierpark sind kostenlos.

Informationen Tierpark Essehof, Am Tierpark 3, 38165 Lehre-Essehof, Tel. 0531/61 12 69, www.zoo-bs.de. **Eintrittspreise:** Erwachsene 7 €, Kinder (2–16 Jahre) 5 €, Hund (an der Leine) 2 €; Jahreskarte Erwachsene 60 € Jahreskarte Kinder 40 €.

Öffnungszeiten An 365 Tagen im Ja geöffnet; 15.3.–15.10. 9–18.30 Uhr, 16.10.–14.3 10–17 Uhr, 24./31.12. bis 13 Uhr geöffnet.

Tierpate werden im Tierpark Essehof

44

Der Tierpark Essehof ist ein kleiner Zoo in Lehre, etwa 15 Kilometer von Braunschweig entfernt. Mitten im Wald tummeln sich die unterschiedlichsten heimischen und exotischen Tiere. 1958 brachte Werner Beller hier seine Tiere unter, bevor Familie Wilhelm den Park 1991 übernahm und immer mehr Tieren ein Zuhause bot.

Im Tierpark Essehof können Sie nicht nur Luchse, Strauße und Kängurus bestaunen, Sie können sogar ihre Paten werden.
Unter dem Motto »Tierische Freunde« vergibt der Tierpark Patenschaften für seine Bewohner – von A wie Alpaka bis Z wie Zebra sind alle Pfleglinge mit dabei. Als Pate erhalten Sie eine Patenschaftsurkunde mit dem Foto Ihres Lieblings und Ihrem Namen und haben zudem einmal pro Patenschaftsjahr die Möglichkeit, etwas ganz Besonderes mit Ihrem Patentier zu erleben. Vielleicht wollten Sie ja schon immer mal mit einem Hängebauchschwein durch den Park spazieren, Ihr Paten-Erdmännchen füttern oder Ihren Waschbären auf den Arm nehmen? Der Tierpark Essehof versucht, alles möglich zu machen. Erleben Sie also unvergessliche Minuten mit einem Tier, das Sie normalerweise nur hinter einem Zaun betrachten können!

Und mit Ihrer Tierpatenschaft tun Sie gleichzeitig Gutes, denn mit diesem Geld wird ausschließlich die Verbesserung der Tierhaltung finanziert. Es werden u. a. Heizanlagen, artgerechte Beleuchtung und medizinische Geräte angeschafft.

Ein Besuch lohnt sich auf jeden Fall, besonders mit Kindern: Vor Ort gibt es einen Spielplatz und einen großen Streichelzoo, wo die Kleinen direkt Kontakt mit den Tieren aufnehmen können. Und auf einem Gewässerlehrpfad gibt es eine Unterwasserstation, die einen Einblick drei Meter unter die Teichoberfläche zulässt.

Und während Ihre Kinder noch staunen, streicheln oder toben, genießen Sie ein kühles Getränk auf der Café-Terrasse mit Blick auf die große Teichanlage, in der sich auch die Waschbären gern tummeln.

Anfahrt A7 Abfahrt 67 Richtung Seesen, weiter auf L516 nach Lautenthal, in Lautenthal rechts auf die Wildemanner Straße abbiegen.

Information Niedersächsisches Bergbaumuseum »Lautenthals Glück«, Wildemanner Str. 11-21, 38685 Lautenthal; Tel. 05325/44 90; www.lautenthals-glueck.de, info@lautenthals-glueck.de. **Eintrittspreise:** Erwachsene 10 €, Kinder bis 10 Jahre 6 €, Kinder (11–16 Jahre) 7

Öffnungszeiten April–Oktober tägl 10–17 Uhr, November–März Sa/So/feiertags/n dersächsische Ferientage 10–15 Uhr geöffnet.

Die Bergbautradition in Lautenthal entdecken

45

Rund um das in einem Harzer Tal gelegene Lautenthal erheben sich die Hügel mit bis zu 620 Metern Höhe. Hier um den Fluss Laute wurden schon im 13. Jahrhundert Silber, Kupfer und Blei abgebaut. Nach einer mehr als 200-jährigen Ruhezeit, in der der Harz fast unbewohnt war, wurde das Tal der Laute wieder von Bergleuten besiedelt.

Denn 1530 fanden Bergleute dort erneut wertvolle Erze und gründeten die Stadt an der Laute – Lautenthal. Jahrhundertelang florierte das Geschäft mit dem Eisenerz, ehe der Bergbau Mitte des 20. Jahrhunderts eingestellt wurde.

Die Faszination hingegen, die dieses Handwerk unter Tage noch heute auf uns hat, ist nach wie vor ungebrochen. In einem Museum können Sie sich über die Geschichte des Bergbaus informieren. Mit der Grubenbahn geht es dann in den Stollen hinunter. Die holprige Fahrt im engen Gitterwagen dauert einige Minuten.

Im Hauptschacht angekommen, beginnt für Sie die anschauliche Rundreise durch viele Jahre Harzer Bergbau-Geschichte. Und dort gab es nicht nur viele Gruben und Schächte, sondern auch einen Platz für Gebete: Die St.-Barbara-Kapelle zeugt vom festen Glauben der Kumpel. Heute geben sich hier unten in 266 Metern Tiefe verliebte Paare das Ja-Wort, und Eltern lassen ihre Kinder taufen.

Eine absolute Besonderheit sollten Sie auf jeden Fall besichtigen: die unterirdische Anlegestelle der Erzschiffe. Erkunden Sie das Bergwerk mit dem Boot – denn das ist weltweit einmalig. Allerdings hat es die Erzschifffahrt in Lautenthal nie gegeben. Diese ist in der etwa 450 Jahre alten Wasserlösung der Silbergrube nur rekonstruiert. Als Teil des Oberharzer Wasserregals ist die unterirdische Wasserstraße heute aber ein UNESCO-Weltkulturerbe. Die Fahrt führt Sie zum Erzkahnhafen, den die Lautenthaler liebevoll »Venedig unter Tage« nennen.

Also: Helm aufgesetzt, und auf geht's auf Erkundung ins Silberbergwerk Lautenthal.

Anfahrt Über die A 7 bis Autobahndreieck Salzgitter, dann auf der B 6 Richtung A 39 Braunschweig/Salzgitter/Goslar, nach 44 km bei der Ausfahrt B 4 Richtung Braunlage/Bad Harzburg und dann der Beschilderung folgen.

Informationen Luchsgehege an den Rabenklippen, 38667 Bad Harzburg, www.nationalpark-harz.de; weiterer Kontakt über: Nationalparkverwaltung Harz, Lindenallee 35, 38855 Wernigerode, Tel. 03943/55 02-0, info@nationalpark-harz.de. Der Eintritt ist frei, allerdin freut sich das Luchsgehege sehr über Spende Eine Anmeldung ist nicht erforderlich.

Fütterungszeiten Fütterungen Mi und Sa um 14.30 Uhr.

Das Luchsgehege in Bad Harzburg bestaunen 46

Der Nationalpark Harz engagiert sich stark für die Wiederansiedelung der Luchse: 24 Tiere kann das Auswilderungsprojekt seit 2000 verzeichnen. Im Jahr 2002 wurden sogar die ersten Luchse in freier Wildbahn geboren. Das nach Wolf und Bär größte in Europa heimische Raubtier können Sie im Luchsgehege in Bad Harzburg bestaunen.

Luchse sind bekanntermaßen sehr scheue Wildtiere. Wenn Sie sie in freier Wildbahn sehen wollen, müssen Sie schon sehr viel Glück haben. Oder Sie besuchen das Luchsgehege in Bad Harzburg und beobachten z. B. die beiden Wildkatzen Pamina und Tamino dabei, wie sie sich in der Sonne aalen, auf Bäume klettern oder durch ihr Revier schleichen.

Schon der Weg zum Luchsgehege ist etwas Besonderes. In Bad Harzburg steigen Sie in die Burgseilbahn und erreichen in drei Minuten den Großen Burgberg. Folgen Sie dort den ausgeschilderten Wanderwegen, und erreichen Sie dann nach einer knapp 60-minütigen Wanderung die Rabenklippen. Für alle, die es etwas bequemer haben wollen: Vom 1. April bis Mitte November fährt auch die Buslinie 875 direkt bis vor den Eingang.

Das Gehege, das sich die vier Luchse teilen, ist 4000 Quadratmeter groß und von einem hohen Zaun umgeben. Hier können sich die wunderschönen Raubkatzen in ihrer natürlichen Umgebung aufhalten – und wenn sie mal keine Lust haben auf Besucher, dann zeigen sie sich eben nicht. Allerdings gibt es feste Zeiten, an denen Sie garantiert alle Luchse zu sehen bekommen: Immer mittwochs und samstags um 14.30 Uhr werden die gefleckten Großkatzen mit Fleisch und ihren Lieblingsleckereien gefüttert. Dann kommen sie auch direkt an den Zaun und gehen auf Tuchfühlung mit ihren Besuchern.

Die freundlichen Mitarbeiter des Nationalparks Harz füttern nicht nur die Tiere, sie beantworten Ihnen auch gern alle Fragen zu den Luchsen. Übrigens: Ihr Besuch im Luchsgehege ist kostenfrei. Über Spenden freuen sich aber nicht nur die Luchse.

Anfahrt Über die B 188 bis Ausfahrt Wolfsburg/Gifhorn/Burgdorf, durch zwei Kreisel geradeaus fahren auf die Bromer Straße/B 88; das Mühlenmuseum liegt auf der rechten Seite.

Informationen Internationales Wind- und Wassermühlen-Museum, Bromer Str. 2, 38518 Gifhorn, Tel. 05371/554 66, www.muehlenmuseum.de. **Eintrittspreise:** Mühlenmuseum (Stand 2017): Erwachsene 12 €, Gruppen ab 1 Personen 10 €/Person, Schüler ab 16 Jahren 7 Kinder 5 €, Schulklassen bis 16 Jahre 4 €/Perso

Öffnungszeiten 15.3.–31.10. täglich von 10–18 Uhr, 1.11.–30.11. nur für Gruppen nach Vereinbarung, 1.12.–14.3. geschlossen.

Das Mühlenmuseum in Gifhorn besuchen 47

In der wunderschönen Südheide, genauer gesagt in Gifhorn steht das Internationale Wind- und Wassermühlenmuseum. Mit seinen 16 verschiedenen Mühlen ist es einzigartig in Europa. Lassen Sie sich von den ältesten Kraftmaschinen der Menschheit und von der Leidenschaft, mit der dieses Museum aufgebaut wurde, faszinieren.

Es war 1965, als Horst Wrobel, Gründer und Besitzer des Mühlenmuseums, bei einem Ausflug nach Abbenrode eine alte, aber funktionstüchtige Bockwindmühle entdeckte. Der Name rührt von seinem Untergestell, dem sogenannten »Bock«, in dem der Mühlenkasten untergebracht ist. Er war von dieses Windmühle und ihrer Konstruktion so begeistert, dass er sie zu Hause im Maßstab 1:25 nachbaute. Doch damit nicht genug: In den folgenden Jahren sammelte er sämtliches Material zum Thema Wind- und Wassermühlen und träumte davon, eines Tages ein eigenes Mühlenmuseum zu eröffnen. 1980 war es dann so weit: Nach zwei Jahren umfangreicher Vorarbeiten, in denen zahlreiche Gräben und Teiche sowie der fünf Hektar große Mühlensee entstanden, öffnete das Museum seine Pforten.

Mittelpunkt der Anlage ist die 800 Quadratmeter große Ausstellungshalle. Sie beherbergt Utensilien aus dem Mühlen- und Müllereiwesen. Außerdem sind darin 49 Wind- und Wassermühlen-Miniaturmodelle aus 20 verschiedenen Ländern ausgestellt. Auf dem Gelände befinden sich noch 16 originalgroße Wind- und Wassermühlen, deren Besonderheiten und Unterschiede Sie bei einem Besuch erkunden können.

Es ist schon ein beeindruckendes Schauspiel: Holzflügel, die sich langsam im Wind drehen, große weiße, luftig aussehenden Flügel, bei denen Stoffbahnen zwischen Holzrahmen gespannt sind – an jeder Ecke des Mühlenmuseums erwarten Sie beeindruckende Anblicke.

Ein besonderes Highlight sind die 300 Jahre alten Wassermühlen, die Horst Wrobel in Österreich auf einen Lkw laden ließ, um sie in seinem Museum wieder auszubauen.

Anfahrt Das Otterzentrum Hankensbüttel liegt im nördlichen Landkreis Gifhorn, direkt an der B 244. Anfahrt von Norden oder Süden über die B 4; das Otterzentrum ist ausgeschildert.

Informationen Aktion Fischotterschutz e. V, Otterzentrum, Sudendorfallee 1, 29386 Hankensbüttel, Tel. 05832/980 80, www.otterzentrum.de. **Eintrittspreise:** Erwachsene 10 €, Gruppen ab 15 Personen 9 €/Person, Kinder (4–17 Jahre) 6,50 €, Kindergruppen ab 15 Personen (3–17 Jahre) 5,50 €/Kind, ermäßig Karten 8,50 €, Familienkarte (2 Erwachsene un bis zu 3 Kinder) 30 €.

Öffnungszeiten Februar. bis letzter Sonntag im März 9.30 bis max. 17 Uhr, letzter Sonntag im März bis letzter Sonntag im Oktob 9.30–18 Uhr, letzter Sonntag im Oktober bis November 9.30 bis max. 17 Uhr.

Das Otterzentrum Hankens-büttel besuchen

48

Am Südrand der Lüneburger Heide liegt das Otterzentrum Hankensbüttel. Direkt am Ufer des Isenhagener Sees entstand 1988 eine einzigartige Naturschutzeinrichtung, die jährlich über 100 000 Besucher anzieht. Viele von ihnen kommen schon zum zweiten, dritten oder zehnten Mal, denn es gibt immer wieder Neues zu entdecken.

Auf 60 000 Quadratmetern erstreckt sich das Freigelände des Otterzentrums, das aus Hecken, Bächen, Wiesen, Teichen und einem 100-jährigen Wald besteht. Zu jeder Jahreszeit sieht es hier anders aus: Im Frühling können Sie die ersten Krokusse begrüßen, im Sommer durch den schattigen Wald spazieren, im Herbst erstrahlt alles in den buntesten Farben, und im Winter genießen Sie die herrliche Schneelandschaft.

In diesem natürlichen Lebensraum vergessen nicht nur Sie, dass die Tiere in Gehegen leben – auch den Tieren merkt man an, wie wohl sie sich fühlen. Neben Ottern tummeln sich Dachse, Hermeline, Marder und Iltisse auf dem großzügigen Gelände und freuen sich auf ihre tägliche Fütterung. Alle 15 Minuten startet eine dreistündige Futter-Tour, auf der Sie viele interessante Informationen über die z. T. vom Aussterben bedrohten Bewohner bekommen. Und Sie sehen Otter & Co. aus nächster Nähe – besser geht es nicht!

Auf Ihrem Weg begegnen Sie sicher noch dem einen oder anderen »Einheimischen« des Otterzentrums: Schmetterlingen, Vögeln, Fröschen oder Libellen. Außerdem laden Spielplätze und verschiedene Spielinstallationen die Kinder zum Klettern, Toben und Erforschen ein.

Wenn Sie Ihren Besuch schon länger im Voraus planen wollen, werfen Sie doch mal einen Blick in den Veranstaltungskalender des Otterzentrums: Vielleicht haben Ihre Kinder Lust auf die Marder-Olympiade und messen sich im Balancieren, Klettern, Laufen, Springen, Graben, Riechen und Tasten. Oder Sie werden Tierpfleger für einen Tag, mit allem was dazu gehört: Futter schneiden, Ställe ausmisten und Tiere füttern.

Anfahrt A 7 Richtung Hamburg, am Dreieck Walsrode rechts und den Schildern zur A 27 Richtung Bremen/Walsrode folgen, am Bremer Kreuz rechts und den Schildern A 1 in Richtung Osnabrück/Flughafen Bremen folgen, rechts halten und der Beschilderung in Richtung Oldenburg/Delmenhorst/Stuhr/Groß Mackenstedt folgen, am Kreuz Oldenburg-Ost rechts und Richtung Wilhelmshaven, im Kreisverkehr die 2. Ausfahrt nehmen in die Straße »Am tiefen Fahrwasser«.

Informationen JadeWeserPort-Info-Center GmbH, Am tiefen Fahrwasser 11, 26388 Wilhelmshaven, Tel. 04421/771 90 91, infocenter@jadeweserport.de, www.jadeweserport-infocenter.de. **Preise:** Hafenbus: Erwachsene 6,90 €, Kinder (6–16 Jahre) 5,90 €, Familien (2 Erwachsene und 3 Kinder) 22,50 €, Gruppen 15 Personen 6,50 €/Person; Hafenbus und Ausstellung: Erwachsene 9,90 €, Kinder (6–16 Jahr 7,90 €, Familien (2 Erwachsene und 3 Kinder) 32 €, Gruppen ab 15 Personen 8,90 €/Person.

Öffnungszeiten Infocenter 16.03.–31.10. von 10–18 Uhr geöffnet. Fahrt mit dem Hafenbus immer Sa/So/feiertags und zu Sond terminen um 14.30 und 15.30 Uhr; Sondertermine für Bustouren können ab einer Gruppengröße von 30 Personen gemacht werden.

Den Jade-Weser-Port erleben

49

Wasser, Deiche, grasende Schafe und im Hintergrund riesige Kräne: Das ist die Kulisse des Jade-Weser-Ports, Deutschlands erstem Container-Tiefwasserhafen. In Wilhelmshaven können die größten Containerschiffe der Welt tideunabhängig – also bei Ebbe und bei Flut – abgefertigt werden. Der Anleger erstreckt sich über ganze 1700 Meter Länge.

Der Parkplatz am Informationszentrum des Jade-Weser-Ports: Hier war vor einigen Jahren überall noch Wasser. Ab 2008 wurde hier eine Fläche von 360 Hektar Land aufgeschüttet – eine Fläche, so groß wie 500 Fußballfelder. Die Länder Bremen und Niedersachsen investierten zusammen eine Summe von rund 650 Millionen Euro in einen gemeinsamen Container-Terminal.

Im Info-Zentrum erfahren Sie hautnah, wie dieser Hafen der Superlative entstanden ist. Hier lernen Sie, welche Wege ein Sack Reis aus Asien nehmen muss, um Deutschland zu erreichen. Und Sie können selbst ein Containerschiff am Simulator steuern. Bei einer Bustour über das Gelände können Sie dann beobachten, wie die Profis das machen. Sie fahren an Schiffen vorbei mit einem Tiefgang von bis zu 16,5 Metern und mit einer Ladekapazität von bis zu 18 000 Containern.

Das Millionen-Projekt stand leider unter keinem guten Stern: Massive Bauschäden verzögerten die Eröffnung. An der Kaimauer waren mehrere Hundert Risse aufgetreten – die Spundwand musste auf einem 450 Meter langen Abschnitt mit einer Betonwand ausgebessert werden. Dann lief ein Schiff der »Maersk Laguna« auch noch den Rang als Premierenschiff ab, das bei der Eröffnung symbolisch entladen werden sollte. Die havarierte »MSC Flaminia« lief notgedrungen schon zwölf Tage vorher im Hafen ein.

Inzwischen ist der Alltag am Jade-Weser-Port eingekehrt. Die Größenordnungen sind aber alles andere als alltäglich: Angesichts der gigantischen Containerbrücken werden Sie aus dem Staunen nicht mehr heraus kommen!

Anfahrt A 7 bis Dreieck Walsrode, dort auf die A 27 Richtung Bremen/Walsrode, am Bremer Kreuz rechts Richtung Osnabrück/Flughafen Bremen, rechts halten und der Beschilderung Richtung Oldenburg/Delmenhorst/Stuhr/Groß Mackenstedt folgen, am Dreieck Oldenburg-West rechts und den Schildern der A 28 Richtung Bad Zwischenahn/Groningen folgen, am Kreuz Dreieck Leer rechts und Richtung Norddeich/Emden/Veenhusen bis Ausfahrt Emden-Mitte, dann B 210 Richtung Aurich/Norddeich/Flughafen, nach rechts abbiegen, um auf B 210 zu bleiben, dann links in die Straße »Am schiefen Turm«.

Informationen Gemeinde Hinte (Ra haus), Osterhuser Str. 15, 26759 Hinte, Tel. 049 92 11-0, www.kirche-suurhusen.de, pfarramt@ kirche-suurhusen.de; Kontakt: Tjabbo van Less Tel. 04925/525 / Eilt Dirks, Tel. 04925/18 95 / Hermann Mennenga, Tel. 04925/24 30. Die Führungen sind kostenlos, am Ausgang wird um eine Spende gebeten.

Öffnungszeiten Kirchenführungen 2017: November–März nach Vereinbarung, April–Oktober Mo/Do nach Vereinbarung, Di/Mi/Fr/Sa 10–12/15.30–18 Uhr; weitere Termine per Telefon.

Den Schiefen Turm in Suurhusen angucken

50

Von Suurhusen haben viele Menschen noch nie gehört, was sehr schade ist. Der kleine Ort, etwa fünf Kilometer von Emden entfernt, liegt idyllisch zwischen Feldern und Wiesen. Gut 1100 Menschen leben hier, und die sind sehr stolz auf Suurhusen, denn hier, im westlichen Ostfriesland, wird ein ganz besonderer Weltrekord gehalten.

Den Schiefen Turm von Pisa kennt jeder, und alljährlich zieht er Tausende Besucher an – dabei ist er längst nicht das schiefste Gebäude der Welt: Das steht nämlich im schönen Niedersachsen, im kleinen Dörfchen Suurhusen!

Begeben Sie sich mit dem Kirchenführer Tjabbo van Lessen auf eine Zeitreise, und erfahren Sie von einem Suurhusener Urgestein, wie das Dorf zu diesem Weltrekord gekommen ist.

1450 bekam die kleine Dorfkirche aus dem 13. Jahrhundert ihren Turm. Aufgrund des Moorbodens entschied man sich, das Fundament auf Eichenstämmen zu errichten. Damals ahnte noch niemand, dass die umliegenden Felder in den nächsten Jahrhunderten trockengelegt werden würden, um sie als Ackerland nutzen zu können. So kam es, dass der Grundwasserspiegel immer mehr sank, die alten Eichenstämme mit Luft in Berührung kamen und anfingen zu modern.

Schon 1885 bemerkten die Suurhusener, dass ihr Kirchturm in Schräglage geraten war und sich in den kommenden Jahren immer weiter zur Seite neigte. 1975 wurde dann die Orgel verkauft und die gesamte Kirche aus Sicherheitsgründen gesperrt. Doch die Suurhusener hatten eine Idee: 1982 legten sie das Fundament frei, füllten es mit Stahl und Beton und hofften, dass der Kirchturm so sicher stehen würde. Am 14. Oktober 1985 wurde die Kirche festlich eingeweiht, und bis heute finden hier, vor allem an Festtagen, wieder Gottesdienste statt.

Seit Mitte der 1990er-Jahre gilt der Kirchturm als stabilisiert, und seit 2007 steht er mit einem Neigungswinkel von 5,19 Grad als schiefster Turm der Welt im »Guinness Buch der Rekorde«.

Anfahrt Westerholt liegt ca. 15–20 Min. von Aurich entfernt: Über die A 7 bis Dreieck Walsrode, dort auf die A 27 Richtung Bremen/ Walsrode, am Bremer Kreuz rechts den Schildern A 1 Richtung Osnabrück/Flughafen Bremen folgen, rechts halten und der Beschilderung Richtung Oldenburg/Delmenhorst/Stuhr folgen, am Kreuz Oldenburg-Ost rechts Richtung Wilhelmshaven, am Wilhelmshavener Kreuz rechts Richtung Wittmund/Jever/Schortens, links auf die B 210, nach 13 km rechts auf Esener Landstraße/ L 8, links auf die Blomberger Straße/K 53, rechts in den Linienweg/K 53, rechts auf die Auricher Straße/L 7, dann rechts in die Straße »Im Gewe begebiet«; das Ziel ist links.

Informationen Begehbare Windene gieanlage Westerholt, Im Gewerbegebiet 11, 26556 Holtriem (Westerholt), Tel. 04977/26 48 Windkraftanlage.Westerholt@yahoo.de, www.begehbarewindenergieanlage.jimdo.co

Öffnungszeiten Besichtigungsterm können individuell vereinbart werden.

Die Windenergieanlage in Westerholt erklimmen

51

Bei einer Fahrt durch die Landschaft fallen Sie einem immer wieder ins Auge: die vielen Windräder, bei denen ein Flügel dreimal so lang ist wie ein normaler Linienbus. Ein Windrad in Ostfriesland sieht etwas sonderbar aus: Es hat eine Aussichtsplattform wie ein Fernsehturm. Diese Windanlage in Westerholt können Sie nämlich begehen.

Der Mensch nutzt Windenergie schon seit Jahrtausenden für seine technischen Zwecke, und seit den 1990er-Jahren werden immer mehr moderne Turbinenanlagen in Deutschland installiert, um Strom zu gewinnen, denn die Rohstoffe Erdöl und Kohle sind begrenzt. Atomstrom könnte zwar noch lange Zeit erzeugt werden, doch nach der Katastrophe von Fukushima folgte ein politischer Kurswechsel. Deshalb rückte nun neben der Solar- und der Bio-Energie auch die Windenergie immer mehr in den Fokus als Energiequelle der Zukunft, und wir müssen uns wohl an den Anblick der vielen Windräder auf Feldern und Wiesen gewöhnen.

In Westerholt macht man sich die Höhe der Turbinen einfach zunutze. Vorher müssen Sie aber erst einmal 297 Stufen überwinden. Die Wendeltreppe dreht sich eng den 65 Meter hohen Turm hoch. Schon auf dem Weg nach oben spüren Sie die Betriebsgeräusche der Anlage. Bei so vielen Stufen kommen selbst sportliche Menschen ins Schnaufen. Deshalb gibt es auf dem Weg zur Spitze kleine Zwischenpodeste für Pausen. Doch der Ausblick von der geschlossenen Aussichtsplattform entschädigt für alle Anstrengung.

Wie viel Strom das Windrad bisher produziert hat, die Leistung und die derzeitige Windgeschwindigkeit können Sie an einer Anzeige unten am Eingang ablesen. Ins Schwanken gerät der Turm erst bei starkem Wind.

Die Anlage in Westerholt ist neben der auf dem Kronsberg in Hannover eine von landesweit zwei begehbaren Windrädern. Also stapfen Sie die 65 Meter hinauf, und genießen Sie einen der hervorragendsten Ausblicke Ostfrieslands!

52 Papier machen in der Papierwelt Dörpen

Ob Sie die Einkaufsliste schreiben oder einen Liebesbrief, die Butterbrote der Kinder einpacken oder beim Frühstück Zeitung lesen – all das wäre ohne Papier doch deutlich schwerer bis unmöglich. Wie das Papier hergestellt wird und wie die Produktion vor 200 Jahren aussah, erfahren Sie in der Papier-Erlebnis-Welt Dörpen.

Die Papierfabrik wurde 1967 in Dörpen gegründet. Heute ist das Unternehmen in finnischer Hand und einer der größten Produzenten für Feinpapier in Europa. Etwa 1200 Menschen arbeiten in dem Werk. Diesen können Sie bei einer Führung über die Schulter schauen und erhalten so einen Einblick, wie mithilfe großer Maschinen im Akkord Papier produziert wird.

Doch der Höhepunkt bei einem Besuch in Dörpen ist die Papier-Erlebnis-Welt. Dort können Sie selbst Papier schöpfen. Ob mit Wasserzeichen oder Verzierungen, mit Rand oder ohne: Entwerfen Sie Ihr Schriftstück ganz nach Ihren Vorstellungen.

Wie werden und wurden Schriftstücke gedruckt? Woher kommen die Rohstoffe für die Herstellung? Auch diese Fragen bleiben nicht offen. Das Museum zeigt außerdem die Vielfalt der Drucktechniken. Anschließend können Sie in einer Druckwerkstatt selbst aktiv werden. Und eines ist sicher: Jeder Entwurf ist anders! Sie werden überrascht sein, wie kreativ Sie sind.

Anfahrt A 7 Hamburg/Bremen bis Ausfahrt Bremen/Walsrode, auf der A 27 bis Ausfahrt Richtung Osnabrück/Oldenburg/Flughafen Bremen, weiter bis Ausfahrt Richtung A 28 Oldenburg/Delmenhorst/Stuhr/Groß Mackenstedt, dann Ausfahrt B 401 Richtung Papenburg, links auf die Hundsmühler Straße/B 401, weiter auf der B 401, links auf die Heeder Straße, dann rechts auf die Bürgerstraße und weiter auf die Ahlener Straße.

Informationen Papier-Erlebnis-Welt Dörpen, Ahlener Str. 1, 26892 Dörpen, Tel. 04963/91 62 61, oder Touristikverein Samtgemeinde Dörpen e. V., Hauptstr. 25a, 26892 Dörpen, Tel. 04963/ 90 96 14.

Öffnungszeiten Sommerferien (Niedersachsen/Nordrhein-Westfalen) Mo/Mi/Do 9–12 Uhr, Fr 13–17 Uhr, Sa 10–14 Uhr; weitere Termine auf Anfrage.

Wein probieren in Niedersachsens größtem Weinkeller

53

Der Bacchuskeller im Weinhaus Köster in Quakenbrück ist mit einer Fläche von 850 Quadratmetern Niedersachsens größter Weinkeller. Und er macht seinem Namensgeber – Bacchus, dem Gott des Weines – alle Ehre. Lernen Sie in dem urigen Gewölbe die Geschichte des Weines kennen, während der edle Tropfen blutrot in Ihrem Glas schimmert.

Für Ihre Weinprobe tauchen Sie in die historischen Kellergewölbe ab. Steinige Wände, schummeriges Licht, hier und da ein Kerzenleuchter. Früher lagerten hier noch mehr als 100 000 Liter Wein in Originalfässern, aus denen er in Flaschen abgefüllt wurde. Mittlerweile steht die Abfüllmaschine nur noch als Museumsstück in der Ecke. Der Aufwand lohnte sich nicht mehr. Trotzdem verliert der Bacchuskeller kein bisschen von seiner historischen Anmutung. Das alte Gewölbe zeugt von vielen Jahrzehnten Wein-Geschichte. Dort stehen immer noch viele alte Holzfässer, in denen einst der edle Tropfen lagerte. Die Angestellten mussten früher harte Arbeit leisten, denn der Wein musste ja in den großen Fässern von den Kutschen abgeladen und in den Keller gebracht werden. Da hat es die Familie Schone heute einfacher. Die treuesten Kunden der Schones sind übrigens die Kirchen. Die Familie gehört in der Region nämlich zu den größten Lieferanten für Mess- und Abendmahlsweine.

Anfahrt A 27 Bremen/Walsrode, am Bremer Kreuz rechts halten und den Schildern A 1 Richtung Osnabrück/Flughafen Bremen folgen, die Ausfahrt Vechta nehmen und Richtung Essen fahren, auf der Essener Straße/ L 843 12 km, dann auf die Artlandstraße/ K 177, weiter auf der Bremer Straße/K 134, Im Kreisverkehr die 2. Ausfahrt nehmen, links abbiegen in die Lange Straße, dann rechts in die Alenconer Straße und links in die Zielstraße.

Informationen Weinhaus mit Tradition, Gebr. Köster, Lange Str. 68, 49610 Quakenbrück, Tel. 05431/34 10, info@weinhaus-koester.de, www.weinhaus-koester.de. Preise auf Anfrage.

Öffnungszeiten Mo–Fr 9–13/ 14 30–18 Uhr, Sa 9–13 Uhr; Weinproben nach Vereinbarung.

Information Z. B. Hasetal Touristik GmbH, Langenstraße 33, 49624 Löningen; Tel. 05432/59 95 99; www.hasetal.de oder Büro Bürgerhaus, Marktplatz 7, 31737 Rinteln, Tel. 05751/40 39 88, www.draisinen.de.

Preise: ca. 44–50 €/Draisine, Gruppen und Familien ermäßigt.

Öffnungszeiten 1.4.–5.11.2017 täg

Niedersachsen mit der Draisine erkunden

54

Zugegeben, es ist schon ein komischer Anblick. Aber eine Draisinenfahrt macht wirklich Spaß! Auf Eisenbahnschienen radeln Sie durch die Landschaft – ob im Weserbergland oder durch das Lippische Bergland: Es ist eine ganz andere Art, die schönen Orte in Niedersachsen zu erfahren. Also, die Waden lockern und aufspringen!

In ganz Niedersachsen bieten sich Möglichkeiten, mit einer Draisine die Landschaft zu erobern. Dabei kann man schon mal ordentlich ins Schwitzen geraten, aber für eine Pause mit Erfrischung bleibt zwischendurch ja immer Zeit.

Zwischen Rinteln und Alverdissen treten Sie mit einer Fahrraddraisine die Reise durch die Fauna an. Auf jeder Draisine hat jeweils eine Person Platz. Nun heißt es aufspringen und strampeln. Die vier Räder setzen sich in Bewegung, und Sie fahren auf der 18,1 Kilometer langen Strecke durch das Extertal. In drei Stunden haben Sie den Trip geschafft. Und wenn nicht – auch kein Problem: Ab 14 Uhr wird auf der gesamten Strecke der Rückweg angetreten.

In Bodenwerder steigen Sie auf eine Handhebeldraisine. Eines ist hier sicher: Das Fitnessstudio können Sie sich für die Woche dann sparen. Auf einem kleinen Planwagen auf Schienen fahren Sie neben der Lenne 5,7 Kilometer entlang. Alkoholfreie Getränke sind übrigens im Preis mit inbegriffen.

Obwohl es nach sehr viel Anstrengung klingt, ist ein Ausflug mit einer Draisine eine tolle Möglichkeit, Landschaft und Natur auf eine ganz besondere Art kennenzulernen. Denn wenn Sie mal anhalten möchten, stehen Ihnen viele »Bahnhöfe« zur Verfügung.

Und wenn Sie erst mal das Fieber gepackt hat, dann haben Sie in ganz Niedersachsen die Chance, Ihrem neuen Hobby nachzugehen, z. B. in Quakenbrück, Wilstedt oder Westerstede. Für Behinderte oder ältere Menschen bietet sich so auch die Möglichkeit, mit der Motordraisine die Landschaft zu erfahren.

Dat
OTTO
HUUS

Sich auf die Spuren von Otto Waalkes begeben 55

Direkt am Hafen in Emden bricht ein riesiger Ottifant durch die Hauswand: Hier kann man sich auf die Spuren von Otto Waalkes begeben, der seit Jahrzehnten unser Zwerchfell zum Vibrieren bringt. Ein schöner Ort, um in Erinnerungen zu schwelgen oder um den Kindern den erfolgreichsten Vertreters des deutschen Humors näher zu bringen.

Direkt hinter der Eingangstür liegt ein Shoppingparadies für jeden Otto-Fan: Von Babystramplern über Schulhefte, sämtliche DVDs bis hin zur Ottifantengarderobe finden Sie hier alles.

Eine Etage höher beginnt die Ausstellung, und hier werden Sie viele Dinge entdecken, die Sie von Otto vielleicht noch gar nicht kannten: private Kinderfotos, Otto als Baby und bei der Einschulung oder die Vitrine mit einem 5-DM-Stück und einem Zettel, den Otto selbst geschrieben hat: »Mein erstes selbstverdientes 5-DM-Stück mit meiner Band ›The Rustlers‹.« Aber Sie stoßen hier auch auf viele bekannte Dinge und auf Requisiten aus seinen zahlreichen Filmen: Hier steht z. B. der Kinderwagen aus »Otto – der Film«, und hier hängen die Zwergenmützen aus den »7 Zwergen«.

Noch eine Etage höher können Sie sich es im Kinosaal auf alten Kinosesseln gemütlich machen und sich von Ottos Erfolgen berieseln lassen, z. B. Fernsehauftritte aus den 1980er-Jahren bzw. alte und neue Filme genießen. Der Spaß für die ganze Familie ist also garantiert!

Anfahrt A 31 Richtung Norddeich/Emden/Veenhusen bis Ausfahrt Emden-Ost und der Petkumer Straße/L 2 und der Ausschilderung »Zentrum« folgen. Mit dem Zug bis Emden-Hbf. und dann ein kurzes Stück zu Fuß direkt in die Innenstadt am Delft.

Informationen Dat Otto Huus, Große Str. 1, 26721 Emden, Tel. 04921/221 21, www.emdentouristik.de/themen/kunst-kultur/dat-otto-huus.html; Gruppenbesuche sollten vorher angemeldet werden. **Eintrittspreise:** Erwachsene 2 €, Kinder 1 €, Gruppen (über 12 Jahre) 1,50 €/Person.

Öffnungszeiten 3.4.–31.12.2017 Mo–Fr 9.30–18 Uhr, Sa 9.30–14 Uhr; 1.4.–31.10. zusätzlich So/feiertags 10–16 Uhr.

Anfahrt Aus Richtung Hamburg über die A 27 bis AS 25 Verden-Nord, ab auf die B 215 (Hamburger Straße, später Nienburger Straße) Richtung Nienburg/Verden, ca. 16 km immer geradeaus auf der B 215 (am Kreisel in Verden rechts Richtung Nienburg), in Barme von der B 215 rechts ab und der Beschilderung »Wolfcenter« ca. 1 km folgen.

Informationen Wolfcenter Dörverden, Kasernenstr. 2, 27313 Dörverden, Tel. 04234/ 93 44 02, www.wolfcenter.de. **Eintrittspreise:** Erwachsene (ab 13 Jahren) 12,90 €, Kinder (3–12 Jahre) 9 €, Gruppen Erwachsene (ab 15 Personen) 10,90 €/Person, Kindergrupp (ab 15 Personen) 7 €/Person; außerdem werde Familien-, Jahreskarten und Vergünstigungen bei Seminaren angeboten.

Öffnungszeiten 1.11.–14.3. Sa/So 10–17 Uhr, in den Ferien und an Feiertagen täglich geöffnet, Führungen 11.30/14.30; 15.3.–31.10. Mi–So 10–18 Uhr, in den Ferien u an Feiertagen täglich 10–18 Uhr, Führungen 11.30/13.30/15.30 Uhr.

Das Wolfcenter Dörverden besuchen

56

Es gibt Tiere, die haben einfach einen schlechten Ruf – Wölfe beispielsweise. Denken Sie mal an Rotkäppchen und den bösen Wolf, der das arme Mädchen und seine liebe Großmutter verspeiste – gruselig! Dass das aber nur ein Märchen ist und man vor Wölfen gar keine Angst zu haben braucht, lernen Sie im Wolfscenter Dörverden.

Frank und Christina Faß haben es sich zusammen mit ihrem Team zur Aufgabe gemacht, Vorurteile zu beiseitigen und ihren Besuchern zu zeigen, wie intelligent und menschenscheu Wölfe eigentlich sind.

In zwei riesigen eingezäunten Gehegen (9000 und 11 000 m²) können Sie die grau-braunen Tiere mit den gelb leuchtenden Augen und so klangvollen Namen wie Juri, Odin oder Remo beobachten. Die Gehege sind extra so angelegt, dass Sie einen guten Blick auf die Tiere haben, dass die Wölfe sich aber auch jederzeit zurückziehen können.

Im ersten Gehege wurden die Wölfe von Hand aufgezogen, dadurch sind sie nicht nur an Menschen gewöhnt, sondern geradezu neugierig auf die zahlreichen Besucher. Im zweiten Gehege leben vier ältere und scheue Wölfe. Zu ihnen gesellten sich 2011 zwei Wolfswelpen, die die »Alten« gern auf Trab halten.

Alle zwei Stunden findet eine etwa 50-minütige Führung statt, die Sie unbedingt mitmachen sollten. Gespickt mit vielen kleinen Anekdoten, erzählen Ihnen die Tierpfleger alles über Wölfe, ihre Eigenarten und ihren Lebensraum. Außerdem werden die Tiere täglich um 11.30 und um 16.45 Uhr gefüttert – da sehen Sie ganz sicher auch die scheusten Wölfe.

Neben Wölfen tummeln sich hier aber auch Tschechoslowakische Wolfshunde, Waldschafe – die von Herdenschutzhund Cleo bewacht werden – sowie zahlreiche Ziegen und Zwergschafe, die auf der Streichelwiese auch mal angefasst werden dürfen.

Und während Sie den Tag bei einem kühlen Getränk auf der Restaurantterrasse ausklingen lassen, können Ihre Kinder noch über den Abenteuerspielplatz toben.

Anfahrt A 27 Walsrode-Bremen bis Abfahrt Verden-Ost. Der Park ist 1 Min. von der Autobahn entfernt und ausgeschildert.

Informationen Magic Park Verden, Heideweg 3–7, 27283 Verden/Aller, Tel. 04231/ 66 11 10, www.magicpark-verden.de. **Eintrittspreise:** Kinder unter 3 Jahren frei, Kinder (3–12 Jahre) 16,50 €, Erwachsene 18,50 €, Rentner (mit Ausweis) 13,50 €, Nachmittagsticket ab 15 Uhr 11,50 €/Person (Erwachsener oder Kind), Jahreskarte 60 €; Ermäßigungen für Behindert Senioren und Begleitpersonen sowie Gruppen preise und Angebote für Schulklassen sowie i Kombination mit Verpflegung. Hunde sind im Park herzlich willkommen und zahlen nichts.

Öffnungszeiten Von 9.30–18 Uhr ge öffnet: im Juli täglich, im September Mo/Fr ge schlossen; ab 21.10. geht der Park in die Winte pause, in den übrigen Monaten ist er teilweise am Mo und Fr geschlossen (s. Internet).

Sich im Magic Park Verden verzaubern lassen

57

Wenn Sie durch den Torbogen des Magic Parks Verden gehen, betreten Sie eine andere Dimension: Dahinter erwartet Sie eine Welt voller Magie, Zauberei und Märchen. Lassen Sie sich also in den Bann ziehen von Zauberkünstlern, Märchenwesen und vielem mehr bei einem Tag in dem Freizeitpark an der Deutschen Märchenstraße.

Etwas versteckt liegt der Magic Park Verden, umsäumt von einem tiefgrünen Nadelwald. Hier in der Nähe machten die Brüder Grimm im 19. Jahrhundert auch Halt, um Ideen und Schauplätze für ihre Märchen zu finden. Angesichts der beiden Türme am Eingang und der verwunschenen Kulisse des Parks wäre ihnen sicherlich eine schöne Geschichte eingefallen.

Doch magisch wurde es in Verden erst lange nach dem Ableben der Märchen-Väter. Im Jahr 1971 öffnete zunächst der »Märchenwald Verden« seine Pforten. Die Besucher konnten sich Szenen aus Grimm'schen Erzählungen wie »Hänsel und Gretel« oder »Dornröschen« anschauen. Nach finanziellen Problemen und mehreren Eigentümerwechseln ging es dann bergauf in Verden: Denn zum Märchenhaften kam nun noch die Magie – und viele Mitmach-Aktionen. Die Anlage mauserte sich vom verwunschenen Wäldchen zu einem großen Freizeitpark.

Ob Zauberhaftes im Zirkuszelt oder die Shows im Magic-Theater – Sie und Ihre Kinder werden Augen machen. Und bei der »Zauberzeit« können die jungen Besucher selbst den Zauberstab auf der Bühne schwingen. Außerdem können Sie auf Flößen an Dinosauriern vorbei schippern, sich bei einer rasanten Fahrt in der Wildwasserbahn abkühlen, Kaninchen, Lama & Co. auf der Streichelwiese verwöhnen oder Ihren Kindern beim Toben in der Hüpfburg zuschauen. Und Sie gönnen sich im nahen Café eine Pause.

Ihnen stehen im Magic Park Verden so viele aufregende und zauberhafte Angebote zur Verfügung, dass Sie schnell glauben werden: Hier ist doch Magie mit im Spiel!

friesen-A
Wittmu

Das Ostfriesenabitur in Wittmund machen

58

An die Schulzeit denken viele von uns mit gemischten Gefühlen zurück. Stellen Sie sich allerdings den Lehrern und Prüfung der Ostfriesen-abiturschule, steht hier der Spaß an erster Stelle. Und trotzdem lernen Sie eine Menge über die Geschichte der Ostfriesen, und das auf witzige und spielerische Art und Weise.

Nachdem »Kuh Elsa« gemolken wurde, geht es ans Pattstockspringen. Sie tun es in dieser Disziplin den Postboten gleich, die früher in Ostfriesland lieber mit einem langen Stock die Bäche und Flüsse überquerten, anstatt den weiten Umweg über die nächste Brücke zu nehmen. Der Wassergraben im Schlosspark ist dafür perfekt.

Und so bringen Ihnen die Lehrer des Ostfriesenabiturs zu jeder der zehn Disziplinen die passende, traditionelle Geschichte bei. Nach »Beesenschmieten« und »op platt snacken« steht noch der hochprozentige Löffeltrunk auf dem Stundenplan. Die Nationalsportart der Ostfriesen, das Boßeln, darf auch nicht fehlen, und für Ihr leibliches Wohl sorgen Sie einfach selbst: in der Disziplin »Krabbenpulen«. Der Kampfgeist, gut abzuschneiden, mischt sich mit der lustigen Stimmung und wird nach etwa vier Stunden von der feierlichen Übergabe der Abiturzeugnisse im Gasthaus gekrönt. Dazu gibt's natürlich »Bohnensopp«, eine echte ostfriesische Spezialtät. Und dabei handelt es sich nicht um eine heiße Suppe …

Anfahrt A 29 über Oldenburg bis Ausfahrt Wittmund/Jever, dann B 210 nach Wittmund; oder A 31 bis Ausfahrt Hesel und über Aurich auf der B 210 nach Wittmund.

Informationen Alle Informationen rund ums »Original Ostfriesenabitur« erhalten Sie über die Tourist-Information Wittmund, Am Markt 15, 26409 Wittmund, Tel. 04462/98 31 50, info@stadt.wittmund.de, www.wittmund.de.

Öffnungszeiten Die Tourist-Information Wittmund hat von April–Oktober Mo–Do von 10–16 Uhr sowie Fr von 10–13 Uhr sowie von November bis März Mo–Fr von 10–12 Uhr geöffnet.

Informationen Touristinfo Oldenburg, Schloßplatz 16, 26122 Oldenburg, Tel. 0441/36 16 13 66, www.oldenburg-tourist.de. Grünkohltouren, Grünkohlessen und Rezepte rund ums grüne Gemüse gibt's unter www.kohltourhauptstadt.de. Das Grünkohldiplom erwerben: Beim E-Learning der Grünkohlakademie Oldenburg können Sie sich kostenlos für die »5 Kohloquien« (Kurse) auf www.gruenkohl-akademie.de unter »Kurse« einloggen; dort ab solvieren Sie Ihre Lektionen, machen den Wissenscheck und anschließend Ihr Diplom.

Öffnungszeiten Die Touristinfo Olde burg hat Mo–Fr 9.30–18 Uhr und Sa 10–16 Uhr geöffnet.

Die Grünkohl-Akademie besuchen

59

Es gibt Spezialitäten, die gehören in bestimmten Regionen einfach dazu. In Schwaben sind es Spätzle, in Bayern Weißwürste – und in Niedersachsen ist's der Grünkohl. Diesen gibt es nur im Winter, denn erst wenn der Frost über die Felder gegangen ist, ist der Kohl »reif«. Und zusammen mit Kartoffeln und Pinkel ist er das niedersächsische Nationalgericht.

Und weil der Grünkohl in Niedersachsen so beliebt ist, kann es auch nur hier die einzige Grünkohl-Akademie der Welt geben. Praktischerweise müssen Sie noch nicht einmal extra nach Oldenburg reisen – Sie können Ihr Diplom ganz einfach zu Hause am PC machen, als kostenlosen E-Learningkurs, bei freier Zeiteinteilung und selbstständiger Erfolgskontrolle.

Hier lernen Sie wirklich alles, was man über das »Wundergemüse« nur wissen kann. Im ersten »Kohloquium« lernen Sie, lieber Student, dass der Oldenburger nicht gern allein isst, dass es früher gern dreimal die Woche Grünkohl gab und dass Sie mindestens einmal im Leben eine echte Kohlfahrt mitgemacht haben müssen. Warum Sie dafür ein paar schwere Kugeln und einen Bollerwagen brauchen, erfahren Sie natürlich auch hier. Sie lernen alles zum Thema Geschichte des Grünkohls, über seine Nährstoffe und was zu einem traditionellen Grünkohlessen noch alles auf den Teller gehört, wie der jährliche Kohlkönig gewählt wird und wie der Grünkohl, dank Bundespräsident Theodor Heuss, damals nach Berlin kam. Die Akademie bietet Ihnen außerdem eine kleine Exkursion ins Fach »Plattdüütsch« und erklärt die wenigen, aber wichtigen Regeln von Boßeln & Co.

Sie merken schon, der Weg zu Ihrem Diplom »Summa kohl laude« ist mit viel Humor und Wissen gepflastert und macht Ihnen und Ihren Kommilitonen sicher Spaß. Außerdem ist die Grünkohl-Akademie eine wirklich originelle Idee, um das »Wundergemüse« auch über die Landesgrenzen hinaus bekannt zu machen.

Anfahrt A7 Hamburg/Bremen bis Ausfahrt Richtung A27 Bremen/Walsrode nehmen, Ausfahrt Richtung Osnabrück/Oldenburg/Flughafen Bremen nehmen, Ausfahrt Richtung A28 Oldenburg/Delmenhorst/Stuhr nehmen, dann Ausfahrt A28 Groningen/Emden/Leer/Bad Zwischenahn/Oldenburg Wechloy nehmen, rechts halten und Ausfahrt Richtung Leer-Ost/ Leer-Hafen nehmen, danach Richtung Zentrum fahren.

Informationen Teemuseum, Brunnenstr. 33, 26789 Leer/Ostfriesland, Tel. 0491/992 20 44, info@buenting-teemuseum.de, www.buenting-teemuseum.de. **Eintrittspreise:** Erwachsene 3 €, Kinder bis 18 Jahre frei, Studie-rende (mit Ausweis) 2 €, Schwerbehinderte, ICOM-Ausweis, Bünting Card frei; Teestunde 7 €/Person, Teezeremonie 10.50 €/Person, Teeze remonie mit Teatasting 14.50 €/Person, Teesem nar »Mit dem Tee um die Welt« 10.50 €/Person, Führung 4,50 €/Person; Kombikarte Heimatmu-seum, Bökemuseum, Haus Samson und Bünting Teemuseum 5 €.

Öffnungszeiten Di–Sa 10–18 Uhr, April–Dezember Mo von 10–18 Uhr und So von 14–17 Uhr; feiertags teils geschlossen; Sonderöf nungszeiten und Special Events s. Internet.

Eine Teezeremonie im Teemuseum in Leer mitmachen 60

Ostfriesland ist die unangefochtene Hochburg der Teetrinker. Im Durchschnitt trinkt jeder Ostfriese 290 Liter Tee im Jahr, zwölfmal so viel wie jeder andere Deutsche. Hier heißt das auch nicht einfach »Tee trinken«, sondern man genießt eine »ostfriesischen Teezeremonie« – nach ganz bestimmten Regeln. Welche das sind, erfahren Sie im Teemuseum Leer.

Wenn draußen der Herbstwind pfeift, der Himmel wolkenverhangen ist und so richtiges »Schietwetter« herrscht, dann ist eine heiße Tasse Tee, auch für Nicht-Ostfriesen, genau das richtige. Vielleicht genießen Sie diese ja im Teemuseum Leer.

Schon beim Eintritt ins Museum riechen Sie den herben Duft des schwarzen Tees, der sich mit der Süße des Früchtetees mischt. In den Vitrinen stehen feine Teetassen und in den Regalen große Holzkisten, mit denen der Tee einst aus Übersee kam.

Gemeinsam mit mindestens sieben weiteren Teilnehmern sollten Sie eine der angebotenen Teezeremonien buchen. Sie werden in eine zauberhafte Teestube geführt, mit weißen Spitzendeckchen, dunklen Holztischen und reich verziertem Teeservice. Der Kluntje, also der weiße Kandis-Zucker, knistert in der Tasse, wenn der heiße, wohlduftende Tee darauf gegossen wird. Auf den Tee gehört ein Tröpfchen Sahne, das entgegen des Uhrzeigersinns gegossen wird und eine kleine Sahnewolken, die »Wulkje«, entstehen lässt. Neben Ihrer Tasse befindet sich ein kleiner Löffel, den Sie keinesfalls benutzen dürfen! In Ostfriesland rührt man den Tee nicht um, man genießt jede einzelne Schicht: das herbe Teearoma vom Tassenrand, den milchigen Geschmack in der Mitte und zum Schluss die Süße. Diese Tradition stammt noch aus einer Zeit, als der teure Kluntje für mindestens eine weitere Tasse Tee genutzt wurde.

Übrigens, drei Tassen sind das Mindestmaß, wenn man mit einem echten Ostfriesen Tee trinkt. Erst wenn Sie Ihre Tasse umgedreht auf den Teller stellen, lehnen Sie ein weiteres Nachschenken höflich ab.

Anfahrt Über die A 7 Hamburg/Bremen, die Ausfahrt Richtung A 27 Bremen/Walsrode nehmen, Ausfahrt Richtung Osnabrück/Oldenburg/Flughafen Bremen nehmen, Ausfahrt Richtung A 28 Oldenburg/Delmenhorst/Stuhr/Groß Mackenstedt/E22, Lingen/Emden/Leer/Bad Zwischenahn/Oldenburg Wechloy nehmen, nach 45 km Ausfahrt Filsum nehmen und auf der B 27 Richtung Rhauderfehn/Aurich/Hesel fahren, lin abbiegen auf die B 72, nach 4 km die Ausfahrt Stickhausen/Augustfehn/Potshausen nehmen, rechts abbiegen auf die L 21, weiter auf den Bre tenweg/K 18, links abbiegen auf den Trappenweg – herzlich willkommen in Amdorf. Und wo genau die Brücke ist, das kann Ihnen hier jeder erklären!

Über die schmalste Autobrücke Deutschlands fahren 61

Amdorf, ein kleiner Ort im Landkreis Leer. Hier gibt es satte Felder, viele weidende Kühe, kleine Dörfer und eine echte Attraktion: die schmalste Autobrücke Deutschlands. Sie ist gerade mal 50 Meter lang, 2,44 Meter hoch und 2,50 Meter breit. Zieht man die Maße des Geländers ab, so bleiben Ihnen und Ihrem Auto 1,85 Meter – ganz schön eng …

Eigentlich gibt es hier in Amdorf reichlich Platz. Die Leda-Brücke hätte also gut und gern doppelt so breit gebaut werden können, aber als sie 1956 in kürzester Zeit errichtet wurde, hielt sich der Verkehr hier in Grenzen. Zu dieser Zeit mussten die Amdorfer immer eine Fähre besteigen, um ins nahe Leer zu gelangen oder eine der Hauptverkehrsstraßen in die umliegenden Gemeinden zu erreichen.

Im Winter wurde der Fährverkehr allerdings eingestellt, und der kleine Ort war über Monate nur mit einem gewaltigen Umweg zu erreichen. Damit Post- und Milchwagen, Viehtransporter, Polizei- und Feuerwehrfahrzeuge auch in der kalten Jahreszeit schnell und unkompliziert nach Amdorf gelangen konnten, wurde die kleine blaue Stahlbrücke geplant, genehmigt und in gerade einmal fünf Monaten gebaut.

Heute ist die Leda-Brücke nicht nur eine nützliche Verbindungsstrecke über die Jümme, sondern auch eine echte Sehenswürdigkeit. Sobald die Ampel auf Ihrer Seite auf Grün springt, sollten Sie zügig losfahren – die Ampelphasen sind hier sehr kurz. Wahrscheinlich werden Sie beim Anfahren noch mal kurz zweifeln, ob Ihr Auto hier wirklich durchpasst. So eine Enge kennt man eigentlich nur aus Waschstraßen, aber da wird man ja mit Handzeichen eingewiesen, um genau in die Spurrillen zu fahren. Die Stahlträger der Brücke sind nur Zentimeter von Ihnen entfernt, die Reifen streifen rechts und links die Stahlkanten der Brücke, was ein laut quietschendes Geräusch verursacht. Und nach ein paar Sekunden haben Sie es auch schon geschafft und Deutschlands schmalste Autobrücke überquert!

ILTIADES

Die Emder Matjestage erleben

62

Matjes, der milde Hering, ist ein salziger Genuss. Und wie der Spargelfan die Spargelzeit, so erwartet der Fisch-Liebhaber jedes Jahr die Zeit, wenn der Matjes gereift ist. Ende Mai bis Anfang Juni beginnen dann wieder die Emder Matjestage, und in der Seehafenstadt wird kräftig gefeiert. Ein Fest, das Sie nicht verpassen sollten!

Hier in Emden wurden die kleinen Fische mehr als 450 Jahre lang gefangen und in Salzlake in Holzfässern eingelegt, bis sie die Reife erreicht hatten. Mit den Matjestagen wird seit mittlerweile fast 25 Jahren der alten Tradition gedacht.

Das Ratsdelft – ein Teil des Emder Hafens – verwandelt sich für drei Tage in einen Rummelplatz mit Riesenrad, Shanty-Chören und Live-Bands, während auf dem Wasser traditionelle Schiffe aus dem In- und Ausland ihre Kreise ziehen und dann am Anleger festmachen. Sie verleihen dem Hafen für wenige Tage eine Seemannsromantik aus längst vergangenen Zeiten. An den Essständen können Sie die leicht rosa-silbrig glänzende Spezialität genießen – im Brötchen, auf dem Teller mit Zwiebelringen, oder Sie lassen sich von einem echten Emder die originale Art zeigen: Den fertig zubereiteten Fisch – natürlich ohne Kopf – am Schwanz packen, den Kopf in den Nacken legen und dann den Fisch in den Mund gleiten lassen. Das glauben Sie nicht? Dann müssen Sie nach Emden kommen!

Anfahrt Über die A 7 Hamburg/Bremen, A 27 Bremen/Walsrode, A 28 und A 31 Richtung Emden fahren, bei der Ausfahrt Emden-Ost Richtung Häfen-Ost fahren, auf der A 31 weiter fahren, links abbiegen auf die Petkumer Straße/L 2, die 1. Abzweigung rechts nehmen, um auf die Straße »Am Tonnehof« zu wechseln, in Emden der Beschilderung Richtung Hafen folgen.

Informationen Tourist-Info Emden, Bahnhofsplatz 11, 26721 Emden, Tel. 04921/974 00, http://www.emden-touristik.de/themen/veranstaltungen/matjestage.html.

Zeitpunkt Die Matjestage finden 2017 vom 25.–28.5. statt.

Das Original aus dem Bierdorf Bagband
Ostfriesen Bräu
Historische Landbrauerei mit Brauhaus

Ein Bierseminar in Bagband besuchen 63

René Krischer hat sich für das schönste Bundesland der Welt entschieden und ist vom Rheinland nach Niedersachsen gezogen. Als gelernter Braumeister hat er die alte Molkerei in Bagband, mitten im Herzen Ostfrieslands, zur Brauerei umgebaut. Dort können Sie den Braumeister höchstpersönlich beim Brauen des dunklen Landbiers beobachten.

Wenn Sie ein Bierseminar gebucht haben, begrüßt Sie der Braumeister persönlich und nimmt Sie mit auf eine interessante Führung durch die Brauerei. Wie aus den Zutaten ein leckeres Bier wird, wie es in die Flasche kommt und wie es schmeckt, das alles erfahren Sie hier.

Anschließend beginnen die Bier-Spiele. Ein Gruppenteilnehmer darf sich unter lautem Jubel am Fass-Anstich versuchen. Ist es vollbracht und das erste Glas geleert, kann es losgehen. Fass-Rollen steht nun auf dem Programm, und das erfordert nicht nur Muskelkraft, sondern auch ein bisschen Geschick. Weiter geht es mit dem Bierkenner-Quiz. Hier können Sie Ihr Wissen testen, bevor Sie sich im Krugstemmen messen. Ein paar lustige Schätzfragen geben Ihnen Zeit, noch mal letzte Kräfte zu sammeln, ehe es zum abschließenden Gläserzielwurf geht. Hopfen und Malz – Gott erhalt's!

Anfahrt A 7 Hamburg/Bremen, A 27 Bremen/Walsrode, A 28 nach Groningen/Emden/Leer, Ausfahrt Filsum nehmen und auf der B 72 Richtung Rhauderfehn/Aurich/Hesel fahren, rechts auf die B 72, nach 6 km rechts auf die Leeraner Straße/B 436, dann wieder rechts abbiegen auf Voerstad/B 436.

Informationen Ostfriesenbräu – Historische Landbrauerei mit Brauhaus, Voerstad 8, 26629 Großefehn, Tel. 04946/203, www.ostfriesenbraeu.de. **Preise:** Brauereimuseum (bis 19 Uhr) 4 €/Person (inkl. 1 Bier und 1 Laugenbrezel), Führung (max. 25 Personen) 18 €/Führung, Bierseminar (10–20 Personen) 19,90 €/Person, Biertaste-Seminar (10–16 Personen) 22.50 €/Person, Braukurs (ab 18 Jahren, ca. 8 Std.) 65 € (alles Seminare und Kurse nur per Voranmeldung).

Öffnungszeiten Brauhaus: April–Oktober täglich von 11–22 Uhr, November–März Mo–Do von 16–22 Uhr, Fr–So von 11–22 Uhr; Küche durchgehend bis 21.30 Uhr.

Anfahrt A 7 Hamburg/Bremen, Ausfahrt Richtung A 27 Bremen/Walsrode nehmen, Ausfahrt Richtung Osnabrück/Oldenburg/Flughafen Bremen nehmen, Ausfahrt Richtung A 28 Oldenburg/Delmenhorst/Stuhr/Groß Mackenstedt/E 22, Ausfahrt A 28 Groningen/Emden/Leer nehmen, am Autobahnkreuz Dreieck-Leer rechts halten und den Schildern der A 31 Richtung Norddeich/Emden/Veenhusen folgen, die Ausfahrt Emden-Mitte nehmen und auf der B 210 Richtung Aurich/Norddeich/Flughafen, nach rechts abbiegen, um auf der B 210 zu bleiben, links auf die L 3, rechts auf die K 229, rechts auf die Eilsumer Straße/L 4, links auf die Greetsieler Straße/L 25, weiter auf der L 25, dann auf der Mühlenstraße bis Greetsiel.

Informationen Schlickschlittenrenne Wältmeisterschaft (»ä« ist korrekt!) & Ostfriesische Wattspiele; Veranstaltungsort: Trockenstrand Krummhörn-Upleward, Erbsenbindereistraße, 26736 Upleward; Kontakt: Zur Hauener Hooge 11, 26736 Greetsiel, Tel. 04926/91 88 19, www.greetsiel.de.

Zeitpunkt Das nächste Schlittenhunde-rennen findet am 19.8.2017 ab 13.30 Uhr am Trockenstrand Upleward statt.

Schlickschlittenrennen in Greetsiel

64

Einmal im Jahr werfen sich die Menschen im Watt vor Greetsiel nahe Aurich in den Schlick – und zwar aus Kampfgeist. Denn dann messen sich Männer, Frauen und Kinder wieder bei der großen Schlickschlittenrennen-»Wältmeisterschaft« an der ostfriesischen Küste. Nur, warum spricht man dabei auch vom »Karneval im Watt«?

Wichtig ist für die Teilnehmer natürlich vor allem, am schnellsten mit dem Schlitten über den matschigen Boden zu schliddern. Aber auch das Aussehen geht in die Wertung mit ein. Und da gewinnt der am besten kostümierte Schlickschlittenfahrer! Deshalb nennt man das Ganze auch den »Karneval im Watt«. Seien Sie also mit dabei, wenn Feen gegen Prinzessinnen oder Piraten gegen Zauberer die Holzschlitten um die Wette schieben und drücken.

Jeder kann bei dem Turnier mitmachen, aber seien Sie gewarnt: Das Rennen ist anstrengend! Denn die Schlitten rutschen nicht ganz von selbst über das Watt. Und Angst vorm Dreckigwerden sollten Sie auch nicht haben – aber genau darin liegt ja das Vergnügen!

Die Schlammschlacht geht auf eine alte Tradition zurück: Früher glitten die Fischer auf ihren Schlitten über das Watt zu ihren Stellnetzen. Heute geht es einfach nur um den Spaß. Jedes Team besteht aus maximal vier Teilnehmern. Dann geht es auf die Rennstrecke, auf der Männer-, Frauen- und Kinderteams getrennt gegeneinander antreten. Der Schlitten besteht aus einer einfachen Holzkonstruktion, die an einen Hundeschlitten erinnert – nur haben Sie hier keine Huskys, die die Arbeit machen … Ein Knie auf den Schlitten, und schon strampeln die Schlickschlittenfahrer los, um einer vor dem anderen zum Ziel zu kommen.

Gästeteams aus dem »Ausland« sind in Greetsiel willkommen. Und eins ist sicher: Keiner hier übt für das Rennen. Wenn Sie also das Watt nicht vor der Haustür haben, stehen Ihre Chancen trotzdem gut, mit einem Sieg nach Hause zu fahren!

Anfahrt Auf der A 1 bis Oldenburg, am Kreuz Oldenburg-Ost rechts halten und den Schildern der A 29 in Richtung Wilhelmshaven folgen, am Wilhelmshavener Kreuz rechts halten und den Schildern der B 210 Richtung Wittmund/Jever/Schortens folgen, die Ausfahrt Richtung Flughafen/Wangerooge/Carolinensiel/Jever-West nehmen, rechts abbiegen auf die L 808, links abbiegen auf die K 89, weiter auf der Berdumerriege/K 19, dann auf der K 19, rechts abbiegen auf Funnixerriege/B 461, dann weiter auf der B 461, links auf Altfunnixsiel/K 14 zu wechseln, weiter auf der K 14, rechts abbiegen auf Werdumer Altendeich/K 13, weiter auf der K 13, rechts abbiegen auf Mühlenstrich, rechts abbiegen auf Alt Addenhausen/L 6, weiter auf der L 6, rechts abbiegen auf die Nordseestraße, links auf den Ulmenweg wechseln – angekommen in Neuharlingersiel.

Informationen Krabbenkutterregatt Neuharlingersiel, Open-Ship und Krabbelpulmeisterschaften, Veranstaltungsort: Hafen Neuharlingersiel, 26427 Neuharlingersiel; alle Infos über den Kurverei gibt es unter Tel. 04974/18 8 oder www.neuharlingersiel.de.

Zeitpunkt 26.8.2017 ab 9 Uhr; der Auftakt zur Kutterregatta erfolgt am 25.8. mit Ope Ship und Krabbenpulmeisterschaft (Eintritt frei

Krabbenpulmeister in Neuharlingersiel werden

65

Den Kopf fest zwischen zwei Finger nehmen, leicht drehen und vom Körper ziehen. Danach den Panzer in der Mitte knicken, durchbrechen und nach beiden Seiten hin abziehen. Diese Anleitung hört sich ganz einfach an, aber Krabben pulen ist eine echte Kunst. In Neuharlingersiel treffen sich jedes Jahr die Besten der Besten und küren ihren Meister.

Einmal im Jahr, im Juli oder August, werden die Kutter in Neuharlingersiel auf Hochglanz poliert und bunt geschmückt, denn zur Krabbenkutter-Regatta strömen jedes Jahr viele Tausend Besucher an den kleinen Nordseehafen. Die bunten Fischkutter, der Klang der Seemannslieder, der Duft von frisch gebratenem Fisch und die vielen verschiedenen Programmpunkte machen dieses Regatta-Wochenende zu etwas ganz Besonderem.

Zum Auftakt laden die Fischer Sie auf ihre Schiffe ein und gewähren Ihnen Einblicke in den Alltag an Bord. Schon im Morgengrauen sind die Männer mit riesigen Schleppnetzen unterwegs, um in den Tiefen der Nordsee nach Garnelen zu fischen. Später werden diese sortiert und in großen Krabbenkesseln verarbeitet. Zeitgleich findet am Hafen das berühmte Krabbenpulen statt. Hier können Sie Ihre Geschicklichkeit testen, das leckere Krabbenfleisch genießen und vielleicht sogar Krabbenkönig werden.

Die Hauptattraktion des Festes ist aber natürlich die Regatta der Krabbenkutter. Hier können Sie als Zuschauer nicht nur vom Hafenrand aus jubeln, Sie können sogar selbst auf einem der Kutter mitfahren. Am Ende gewinnt nicht unbedingt das schnellste Schiff. Sie, und alle anderen Zuschauer, dürfen Ihrem Lieblingskutter Ihre Stimme geben, und dieser gewinnt am Ende das »Blaue Band«.

Bei herrlichem Sonnenschein genießen Sie dieses einmalige Spektakel und das bunte Rahmenprogramm mit Musik, Kinderschminken und vielen kleinen Überraschungen und probieren dabei die eine oder andere Fisch-Spezialität.

Anfahrt Mit dem Auto: Über die A 31 bis Emden, dort vom Außenhafen aus mit der Fähre auf die Insel. Mit der Bahn bis Emden-Außenhafen, kurz vor dem Fähranleger.

Informationen Tourist-Information Borkum, Am Georg-Schütte-Platz 5, 26757 Borkum, Tel. 04922/933-0, info@borkum.de, www.borkum.de. **Kurbeitrag** Hauptsaison/Ta (1.5.–31.10.): Erwachsene 3,50 €, Kinder/Stude ten 0,80 € (unter 12 Jahre frei), Tagesgäste 3 €; Nebensaison: Erwachsene 2,30 €, Kinder/Stud ten 0,40 € (unter 12 Jahre frei), Tagesgäste 3 €.

Zeitpunkt Der Klaasohm findet vom 5. auf den 6. Dezember statt.

Den »Klaasohm« auf Borkum erleben

66

Es gibt Traditionen, die sind so verrückt, dass man sie sich gar nicht vorstellen kann – so wie diese hier: Auf der schönen Nordseeinsel Borkum werden jedes Jahr, in der Nacht vom 5. auf den 6. Dezember, Frauen von wild aussehenden und laut durch die Gassen ziehenden Männern »verprügelt«. Und alle Borkumer finden das ganz normal.

»Klaasohm« nennt sich das Ganze und ist ein Brauch, der wahrscheinlich auf die Zeit der Walfänger, also bis ins 18. Jahrhundert, zurückgeht. Zu dieser Zeit waren die Männer der Insel meist monatelang mit ihren Schiffen auf hoher See unterwegs. Während ihrer Abwesenheit kümmerten sich ihre Frauen nicht nur um Haus und Kinder, sondern auch um Hof und Tier. Kurzum: In dieser Zeit hatten sie auf der Insel das Sagen. Kamen die Männer nun im Winter zurück nach Hause, mussten sie sich die Insel angeblich »zurückerobern«. So entstand Klaasohm, das bis heute mit Begeisterung gefeiert wird.

Sechs junge Insulaner, aus verschiedenen Altersgruppen, verkleiden sich als Klaasohms und tragen dabei weiße Kittel mit rotem Rand. Auf dem Kopf befinden sich bis zu 16 Kilo schwere Masken, die mit Schafsfell und Möwenfedern beklebt sind und hinten einen Kuhschwanz und vorne eine lange rote Nase haben. Außerdem gibt es noch das »Wiefke«, einen als Frau verkleideten Jüngling, der besonders laut durch die Straßen zieht.

Man hört sie schon von weitem, denn sie werden von Dutzenden Trompeten, Kuhhörnern und Tröten begleitet. Da die Klaasohms durch ihre Helme wenig sehen können, werden sie von einem Führer und von mehreren Fängern begleitet. Diese »fangen« die jungen Frauen der Insel ein, damit der Klaasohm ihnen mit seinem mitgeführten Kuhhorn aufs Hinterteil schlagen kann. Zur »Belohnung« bekommen die Frauen anschließend eine »Moppe«, eine Art harten Honigkuchen.

Der Umzug endet traditionell in der Ortsmitte, wo sich eine Litfasssäule befindet. Von dieser stürzen sich die jungen Männer zum Abschluss in die Arme der jubelnden Menschenmenge.

Anfahrt Von Hannover aus: Auf der B3 Richtung Celle; Von Westen aus Richtung Dortmund: auf A2 Richtung Hannover fahren. Rechts halten, Schildern Richtung Hamburg/Hannover/Flughafen folgen. Ausfahrt Mellendorf ab und Richtung Celle/Fuhrberg. Den Schildern nach Celle folgen.

Informationen Alle Infos über Celle Tourismus und Marketing GmbH, Markt 14–1 29221 Celle, Tel. 05141/12 12, info@celle-touri mus.de, www.celle-tourismus.de.

»Sprechzeiten« Täglich von 10–13 u 15–18.30 Uhr.

Den »Sprechenden Laternen« in Celle zuhören

67

Wie in jeder anderen Stadt stehen auch in Celle Laternen. Aber fünf davon in der historischen Altstadt sind anders: Sie können sprechen – und verraten Ihnen kurze Anekdoten über die Stadt. Also kommen Sie nach Celle, und lauschen Sie den Geschichten, die »Der lange Lulatsch« oder »Der Besserwisser« Ihnen erzählen.

Seit vielen hundert Jahren brennen kleine Lichter in Laternen entlang der Straßen – erst mithilfe von Ölen, dann mit Gas und später mit Strom. Die Straßenlaternen waren also immer dabei, wenn sich Historisches ereignete. Warum sollten sie dann nicht selbst »erzählen«, was sie erlebt haben?

Auf diese Idee kam man in Celle und verlieh kurzerhand fünf Laternen in der historischen Altstadt Stimmen. Und die meisten sind Ihnen bestimmt bekannt! Den Part der »Oma« sprach die bekannte Travestiekünstlerin Lilo Wanders, die in Celle geboren ist. Ihrer Geschichte weiß »Der Besserwisser« – gesprochen von Radiomoderator Stephan Westphal – immer noch etwas hinzuzufügen. Und nanu, was macht das Krümelmonster hier? Synchronsprecher Gerlach Fiedler, der der Figur aus der Sesamstraße seine Stimme leiht, spricht als »Der Dicke« zu Ihnen. Direkt daneben steht »Der lange Lulatsch«, dem der Fernseh-Reporter Oliver Vollmering Leben eingehaucht hat.

Besonders gesprächig sind die Laternen tagsüber. Abends wünschen Ihnen die Leuchten dann eine gute Nacht oder trällern ein kurzes Einschlaf-Lied.

Und wie bringen Sie die Lampen zum Sprechen? Stellen Sie sich einfach in die Mitte der fünf Laternen. Ein Sensor erkennt das, und schon beginnt die muntere Erzählrunde. Die kleine Laterne »Das Kind« – gesprochen von einem Celler Jungen – mosert herum, dass in Celle nichts los sei und hier noch nicht mal ein Rekord aufgestellt worden sei. Wie die anderen Straßenleuchten das widerlegen, lassen Sie sich am besten von ihnen selbst erzählen.

Durch die Klimazonen in Bremerhaven reisen

68

Herzlich willkommen auf dem 8. Längengrad! Genauer gesagt 8 Grad Ost 34 Minuten, denn dort liegt die Stadt Bremerhaven mit ihrem Klimahaus. Und in diesem können Sie auf eine Reise entlang des 8. Längengrades gehen und sich so in acht Länder mit ihren unterschiedlichen Klimazonen entführen lassen.

Ziel der Reise ist es, bei allen Besuchern das Bewusstsein zu schaffen, dass jeder etwas gegen den Klimawandel tun kann. Denn das Klima beeinflusst das Geschehen auf der Erde, und der Klimawandel bedeutet Veränderung!

In Sardinien schrumpfen Sie auf die Größe eines Insekts und erleben am eigenen Leib, wie es ist, zwischen Getränkedosen und Müll herumzulaufen. In der Sahelzone erzählt eine alte Dame aus ihrer Kindheit, als es hier noch Pflanzen und Regen gab. Jetzt ist alles trocken, und es gibt nur noch Sand, überall Sand. – Eindrücke, die zum Nachdenken anregen, und genau das soll das Klimahaus bewirken. Dass wir alle unser Verhalten und die Verantwortung füreinander überdenken. Nicht mit erhobenem Zeigefinger – hier sind Sie Teil der Ausstellung.

Somit bietet das Klimahaus ein sehr gelungenes Konzept für Schüler und Erwachsene und eine Mischung aus Natur-, Erlebnis- und Forschungspark. Bringen Sie Zeit mit! Selbst nach mehrmaligem Besuchen werden Sie hier immer etwas Neues entdecken.

Anfahrt A 27 Abfahrt Bremerhaven-Zentrum und dem Parkleitsystem Richtung »Havenwelten« folgen.

Informationen Klimahaus® Betriebsgesellschaft mbH, Am Längengrad 8, 27568 Bremerhaven, Tel. 0471/90 20 30-0, info@klimahaus-bremerhaven.de, www.klimahaus-bremerhaven.de. **Eintrittspreise:** Erwachsene 16 €, ermäßigte Tickets 11,50 €, Familien ab 35 €, Kinder bis 4 Jahre frei.

Öffnungszeiten April–August Mo–Fr 9–19 Uhr, Sa/So/feiertags 10–19 Uhr, September–März täglich 10–18 Uhr, 24.12./25.12./1.1. geschlossen.

Anfahrt **Mit dem Auto:** von Norden A 7 Richtung Hannover bis zum Autobahnkreuz (57) Hannover Ost, hier auf die A 2 Richtung Braunschweig/Berlin bis zum Autobahnkreuz (58) Wolfsburg/Königslutter, dort auf die A 39 Richtung Wolfsburg bis AS Wolfsburg-West, weiter in Richtung Autostadt, rechts ab auf die Heinrich-Nordhoff-Straße und weiterhin der Beschilderung »Bahnhof« folgen; direkt neben dem Bahnhofsgebäude ist das Phaeno. Mit der Bahn bis Wolfsburg-Hbf.; direkt da befindet sich das Phaeno.

Informationen Phaeno die Experimentierlandschaft, Willy-Brandt-Platz 1, 38440 Wolfsburg, Tel. Service-Center 0180/106 06 00, www.phaeno.de. **Eintrittspreise:** Erwachsene 13,50 €, Kinder/Jugendliche bis 17 Jahre 8,50 €, ermäßigte Tickets (Schüler, Studenten, Azubis, Senioren, Behinderte, Arbeitslose) 10 €, Feierabend-Ticket (90 Minuten vor Schließung) 50 % Ermäßigung auf alle Eintrittskarten.

Öffnungszeiten Di–Fr 9–17 Uhr, Sa/So/Feiertage 10–18 Uhr, Mo, 24.12. und 31.12. geschlossen, in den niedersächsichen Schulferien Mo–So 10–18 Uhr.

Im Phaeno in Wolfsburg experimentieren

69

Wie entsteht ein Tornado? Wieso stehen einem manchmal die Haare wie von Geisterhand zu Berge? Und wie kann ein indischer Fakir bloß so lange auf einem Nagelbrett liegen? Diesen Phänomenen können Sie selbst nachgehen – im Phaeno in Wolfsburg. Hier finden Sie Erklärungen für 350 Rätsel aus Natur, Wissenschaft und Technik.

Allein das Gebäude des Wissenschaftsmuseums ist ein Phänomen: »Da hat mal jemand Pi mal Auge gebaut«, mag man zuerst denken. Denn so richtig gerade scheint nichts am Phaeno zu sein.
Doch Star-Architektin Zaha Hadid hat jeden Quadratzentimeter an dem »außerirdischen Wunderding« minutiös geplant. Zusammen mit Statikern und Betonfachleuten hat sie architektonisch die Grenzen des Machbaren ausgetestet. Getragen von zehn kegelförmigen Pfeilern entsteht der Eindruck, das Phaeno würde schweben. Obwohl der Bau aus Beton und Stahl besteht, wirkt das Gebäude wegen der vielen Schrägen, der kursiven Fenster und der abgerundeten Ecken eher dynamisch und fließend. Das 2005 eröffnete Gebäude war selbst ein großes Experiment – und ist erst nach mehreren Ausbesserungen geglückt. Die Kosten für das Millionen-Projekt der Stadt Wolfsburg hatten sich am Ende sogar verdoppelt.

Im Inneren des Gebäudes erfahren Sie mit kleinen und größeren Experimenten Spannendes über Natur, Wissenschaft und Technik. Hier können die Besucher mit der Hand mal durch einen künstlichen Nebeltornado fassen, eine Runde auf einem schwebenden Teppich drehen oder in die Welt der Spiegel mit ihren 40 Exponaten eintauchen. Thematisch ist das Phaeno in fünf Bereiche aufgeteilt: Spürsinn, Spiegel, Leben, Energie und Dynamik.

Und egal, mit welchem Wissensstand Sie herkommen: Es wird auf jeden Fall ein phänomenaler Tag! Im »Verrückten Salon« sind plötzlich alle Ihre Sinne verwirrt – wieso? Besuchen Sie das Phaeno, und kommen Sie dem Geheimnis selbst auf die Schliche.

Anfahrt Mit dem Auto: Wolfsburg liegt direkt an der A 2 Hannover-Berlin; folgen Sie ab der Autobahntangente Wolfsburg/Königslutter der Beschilderung über die A 39 zur Abfahrt Wolfsburg/West und ab dort der Beschilderung. Mit der Bahn bis Wolfsburg-Hbf.; die Autostadt liegt direkt neben dem Bahnhof.

Informationen Autostadt, Parkstraße, 38440 Wolfsburg, Tel. 0800/288 67 82 38, www.autostadt.de. **Eintrittspreise:** Tageskarten/2-Tageskarten Erwachsene 15/22 €, ermäßigte Tickets 12/18 €, Kinder/Jugendliche (6–17 Jah und Schüler 6/9 €, Familien (2 Erwachsene und alle Familienkinder bis 17 Jahre) 38/57 €, Familien-Sonntag (2 Erwachsene, alle Familienkind bis 17 Jahre) 30 €, Gruppentickets erhältlich, Abendticket (ab 16 Uhr) 7 €.

Öffnungszeiten Die Autostadt hat a 363 Tagen im Jahr von 9–18 Uhr geöffnet. Geschlossen ist nur an Heiligabend und Silvester

Die Autostadt in Wolfsburg besuchen

70

Während der Expo 2000 in Hannover gab es sogenannte dezentrale Projekte. Eines davon ist die Autostadt Wolfsburg. Hier dreht sich alles um die Vergangenheit, um die Gegenwart und die Zukunft des Autos. Die Volkswagen AG baute diesen großen Erlebnispark für knapp eine halbe Milliarde Euro, und der wird nicht nur die Autofans unter Ihnen begeistern.

Von weitem sieht man sie schon emporragen, die beiden großen Türme – das Wahrzeichen der Autostadt. In bis zu 48 Metern Höhe stehen in der gläsernen Stahlskelett-Konstruktion 800 Neuwagen bereit zur Abholung. Und auch wenn Sie nicht wegen eines neuen Flitzers hergekommen sind, sollten Sie sich das Schauspiel ansehen: Ein Lift fährt in der Mitte des Turms nach oben. Und schon kurze Zeit später gleitet er mit einem Auto wieder nach unten. Die Tragfläche des Lifts ist so dünn, dass man meint, das Fahrzeug schwebe hinunter. In einer Besucherkabine können Sie auch selbst nach oben fahren.

In der Autostadt gibt es acht Pavillons in außergewöhnlichen Designs. Jeder steht für einen der Automobilhersteller des Konzerns. Und so kann es Ihnen passieren, dass sich vor Ihnen plötzlich eine Scheibe aus einer Wand herausdreht und ein Lamborghini zum Vorschein kommt.

Wenn man es genau nimmt, beginnt die Geschichte des Autos schon 3500 v. Chr. mit der Erfindung des Rads. Ganz so weit blickt die Ausstellung im Museum ZeitHaus nicht zurück. Sie zeigt die Meilensteine der Automobilgeschichte. Erfahren Sie, welche Marken und Modelle in 125 Jahren Trends setzten und wie das Auto vom exklusiven Vergnügen zum Verkehrsmittel für alle aufstieg. Hier können Sie echte Raritäten wie einen nachgebauten Bugatti 57 SC Atlantic bestaunen, von dem weltweit nur noch zwei existieren.

Und falls Sie einen Vorgeschmack von der Autostadt bekommen wollen: Schauen Sie sich den Politthriller »The International« an – viele Szenen des Hollywood-Streifens wurden hier gedreht.

Anfahrt Über die A 31 Richtung Norddeich/Emden/Veenhusen, Emden-Mitte abfahren auf die B 210 in Richtung Aurich/Norddeich/Flughafen, auf der B 210 bleiben und immer Richtung Norddeich fahren, in Norddeich zum Fähranleger und dort auf die Fähre nach Norderney.

Informationen Milchbar Norderney, Damenpfad 33, 26548 Norderney, Tel. 04932/92 73 44, www.milchbar-norderney.de.

Öffnungszeiten 11–23 Uhr geöffnet, Küche schließt um 20 Uhr, Mi Ruhetag.

Den Sonnenuntergang auf Norderney genießen

71

Die ostfriesischen Inseln müssen Sie besuchen, am besten alle. Falls das zeitlich oder finanziell nicht so schnell umzusetzen ist, dann beginnen Sie doch mit Norderney. Die beliebte Insel ist gerade mal 26,29 Quadratmeter groß und schafft es trotzdem, dass jeder seiner Besucher hier etwas findet, was ihm ganz besonders viel Spaß macht.

Wenn Sie mit Kindern nach Norderney kommen, werden Sie schnell feststellen, wie familienfreundlich hier alles ist: flaches, klares Wasser, das zum Planschen einlädt, 14 Kilometer sauberer Sandstrand zum Buddeln und Burgenbauen und zahlreiche Eisdielen, die ihre Waffeln zum Teil selbst backen und den Rand mit Schokolade dekorieren ... Außerdem können Ihre Kids stundenlang über den großen Abenteuerspielplatz am Weststrand toben, wo es neben Schaukeln und Rutschen sogar Trampoline gibt.

Aber auch Sportfans kommen auf Norderney voll auf ihre Kosten. Hier können Sie wunderbar Surfen, Segeln, Golfen oder die Insel mit einem geliehenen Fahrrad erkunden. Besuchen Sie die einzige Windmühle der ostfriesischen Inseln, den Wasserturm, das Kaiser-Wilhelm-Denkmal und den großen Norderneyer Leuchtturm, oder erfreuen Sie sich einfach an der puren Natur im Osten der Insel.

Sie können aber auch durch die kleinen Boutiquen in der Innenstadt schlendern, eine leckere Belgische Waffel essen, im Badehaus die Dampfsauna aufsuchen oder eine Partie Minigolf spielen.

Ein Tag auf Norderney vergeht wie im Flug, und kurz bevor er zu Ende geht, sollten Sie noch den Sonnenuntergang auf der Insel genießen. Einen besonders guten Ausblick auf dieses Naturschauspiel haben Sie von der Terrasse der »Milchbar«. Bei einem leckeren Cocktail oder einer Schale Milchreis beobachten Sie ganz entspannt, wie die Farbe am Himmel von hellem Weiß zu einem feurigen Rot wechselt, die Sonne immer tiefer sinkt, bevor sie die Nordsee »küsst« und endgültig verschwindet.

Anfahrt Der Serengeti-Park liegt an der A 7 zwischen Hamburg und Hannover, Ausfahrt Nr. 49 Westenholz; ab der Landstraße der Beschilderung folgen.

Informationen Serengeti Park Hodenhagen, Am Safaripark 1, 29693 Hodenhagen, Tel. 05164/979 90, info@serengeti-park.de, www.serengeti-park.de. **Eintrittspreise:** Erwachsene 32,50 €, Kinder (3–12 Jahre) 25,50 €, Behinderte 16 €, Busführung 5,50 €, Hunde willkommen und frei; Fotosafari 132,20 €, Tag als Affenpfleger 212,50 €, Tag als Raubtierpfleger 262,50 Tag als Tierpfleger 138 €.

Öffnungszeiten 1.4.–5.11.2017 von Mo–Fr von 10–17 Uhr, Sa/So 10–18 Uhr (außer Oktober/November); an Feiertagen, in den Ferien und im Sommer verlängern sich die Öffnungszeiten (Kalender s. Internet).

Auf Tuchfühlung mit wilden Tieren gehen 72

Afrika liegt mitten in der Heide – dieses Gefühl bekommen Sie bei einem Besuch im Serengeti Park Hodenhagen. Auf einem zehn Kilometer langen Weg durch den Park können Sie Giraffen, Elefanten und Affen nicht nur beobachten, sondern z. T. sogar anfassen. Hier gibt es keine Zäune oder Gehege, sondern nur Sie und die wilden Tiere.

Ob Sie die Safaristrecke mit Ihrem eigenen Pkw zurücklegen, sollten Sie sich gut überlegen, denn der eine oder andere Bewohner des Parks könnte es auf Ihren Außenspiegel oder auf Ihre wackelnde Wagenantenne abgesehen haben. Am besten setzen Sie sich ganz entspannt in den Safaribus und genießen diese ganz besondere Fahrt einfach nur.

Begleitet von einem geschulten Tierpfleger geht es als Erstes durch die Afrikawelt, wo Sie von Geparden, Gnus und Giraffen begrüßt werden. Die Langhälse kommen gern näher, wenn sich die Tür des Busses öffnet und der Tierpfleger ihnen ein paar leckere Birkenzweige anbietet.

Weiter geht es zu Mini-Ponys und Zwergeseln, die gestreichelt werden dürfen, bevor sich die Bustüren wieder schließen und es weitergeht, vorbei an Antilopen, Bisons, Luchsen, Wasserschweinen, Löwen, Tigern, Bären, Kängurus, Elefanten und Dutzenden Tieren, deren Namen Sie vielleicht noch nie gehört haben. Über 1500 Tiere leben hier, und dank des fachkundigen Personals werden Sie diese auch sehen und einiges über sie lernen.

Nach Ihrer aufregenden Bustour sollten Sie einen kleinen Abstecher ins Affengehege machen. Aber aufgepast: Die zutraulichen kleinen Äffchen sind frech und greifen gern mal nach Sonnenbrillen oder glitzerndem Schmuck.

Aber nicht nur Tiere gibt es hier zu sehen – Ihre Kinder werden die Freizeit- und Aquawelt mit den Karussells, dem Hochseilgarten und den tollen Shows lieben. Und während Ihre Kinder sich so richtig austoben, können Sie in Ruhe einen Kaffee trinken und Ihren »Afrika-Urlaub« so richtig genießen.

Die Schmetterlingsfarm Steinhude besuchen

73

Sie heißen Admiral, Tagpfauenauge und Zitronenfalter. Weltweit gibt es etwa 180 000 verschiedene Exemplare, und jährlich werden ca. 700 neue Arten entdeckt. Anfangs kleine Raupen, »entpuppen« sie sich später als wahre Schönheiten. Sie haben dünne Körper, lange Fühler, vier farbige Flügel – und in der Schmetterlingsfarm Steinhude kommen Sie ihnen ganz nah.

Ziehen Sie sich für Ihren Besuch nicht zu warm an, denn in der Freiflughalle herrschen 80 bis 90 Prozent Luftfeuchtigkeit und eine Temperatur um die 30°C – so fühlen sich Schmetterlinge wohl. Etwa 600 exotischen Falter leben hier, allerdings nicht lange. Schmetterlinge haben eine Lebenserwartung von nur wenigen Tagen, daher treffen regelmäßig neue Kokons in Steinhude ein. Im Insektarium haben Sie die Möglichkeit, sich Gottesanbeterinnen und Tausendfüßler aus der Nähe anzuschauen. Erschrecken Sie nicht, wenn sich auf einmal ein Blatt als Heuschrecke entpuppt oder die haarigen Beine einer Vogelspinne hinter einem Ast hervorkommen. Wirklich beeindruckend, welche Vielfalt unsere Natur zu bieten hat!

Anfahrt Über die A 2, in Wunstorf-Luthe abfahren, dort auf die B 441 Richtung Luthe/Wunstorf, rechts auf die B 441, links auf die Hagenburger Straße/B 441/B 442, weiter auf der B 441, nach 6 km rechts auf die Altenhäger Straße/K 41, weiter auf der K 41, dann auf die Straße »Im Sandbrinke«/K 331, weiter auf der K 331, links abbiegen auf »Vor dem Tore«, 1. Abzeigung links nehmen, um auf »Unter den Hestern« zu wechseln, rechts auf »Am Graben«, 1. Abzweigung links auf »Am Knick«, dort parken.

Informationen Insektenmuseum und Schmetterlingsfarm Steinhude, Am Knick 5, 31515 Wunstorf, Tel. 05033/93 94 51, http://schmetterlingsfarm-steinhuder-meer.de/. **Eintrittspreise:** Erwachsene 7,50 €, Rentner, Schüler, Studenten 7 €, Familienkarte (2 Erwachsene und 2–3 Kinder) 15 €, Kinder ab 3 Jahren 5 €.

Öffnungszeiten 25.2.–5.11. täglich 11–18 Uhr, Juli/August täglich 10–18 Uhr.

Zeiss Starma

Im Planetarium in Wolfsburg in die Sterne gucken

74

Vielleicht haben Sie schon einmal davon geträumt, ins Weltall zu fliegen. Schwerelos zu sein, Planeten und Sterne aus nächster Nähe zu sehen, das wäre schon was. Im Planetarium Wolfsburg können Sie sich diesen Traum ein Stück weit erfüllen. Seit 1983 können Sie hier, am Fuß des Klieverbergs, in die Sterne gucken.

Schon von Weitem sehen Sie die große silberne Kugel – das Herzstück des Planetariums. Sie hat einen Durchmesser von etwa 15 Metern, und in ihrem Inneren finden bis zu 144 Besucher Platz.

Treten Sie ein, setzen Sie sich in einen der gemütlichen Kippsessel, und lehnen Sie sich ganz weit zurück, denn ab jetzt schauen Sie nur noch nach oben. Ein Projektor wirft neben Sonne, Mond und Planeten auch über 9000 Sterne unter das Kuppeldach, sodass Sie das Gefühl haben, in eine sternenklare Nacht zu blicken. Oder besuchen eine der Shows, z. B. »Ferne Welten – Fremdes Leben?«. Mit einer Raumsonde landen Sie auf dem Mars und erforschen den Jupitermond Europa – und das alles, ohne Ihren gemütlichen Sessel zu verlassen. Aber nicht immer geht es um den Weltraum. Marienkäfer Dolores und Glühwürmchen Mike erklären den Kleinsten z. B., wie Bäume atmen und wie sie lebenswichtiges Wasser aufnehmen können. Und Sie können sogar im Planetarium heiraten, ganz romantisch unterm Sternenhimmel.

Anfahrt A 39 bis Ausfahrt Wolfsburg-Zentrum, auf der Braunschweiger Straße/K 92 weiter, leicht rechts abbiegen auf die Siemensstraße/K 92, dann links nehmen auf die Rathausstraße, weiter auf die Pestalozziallee, dort bleiben, dann links auf die Schillerstraße, dort bleiben, dann rechts Richtung Porschestraße und scharf rechts auf die Porschestraße, dann rechts in den Uhlandweg.

Informationen Planetarium Wolfsburg, Uhlandweg 2, 38440 Wolfsburg, Tel. 05361/89025510, www.planetarium-wolfsburg.de. **Eintrittspreise:** KosmosWissen und KinderKosmos: Erwachsene 7,90 €, Gruppenpreis (Erwachsene, ab 20 Personen) 7,30 €, ermäßigte Tickets 5,20 €; außerdem Familienkarten und gesonderte Preise für Special-Veranstaltungen.

75 Eine Reise in die Bronzezeit machen

2003 fand ein Hobby-Archäologe im Erdreich von Uelsen einige Tonscherben – eine folgenreiche Entdeckung. Wissenschaftler stießen dort kurze Zeit später auf ein ganzes Grabhügelfeld der Bronzezeit. Dieses können Sie heute im archäologischen Freilichtmuseum in Uelsen besichtigen – samt einem Bronzezeithaus nach historischem Vorbild.

Schwere Eichenbalken dienen als Gerüst, und die Wände bestehen aus einem Weidengeflecht, das mit einem Lehm-Sand-Gemisch verschlossen wurde. Das Dach ist mit Reet – also Schilfrohr – bedeckt. Die Existenz frühzeitlicher Gräber war in Uelsen schon seit mehr als 150 Jahren bekannt, nachdem 1840 ein Bauer dort einen goldenen Becher gefunden hatte. Doch von der Zahl der Gräber waren die Wissenschaftler überrascht.

Die vielen Entdeckungen aus der vorchristlichen Zeit wollten die Uelsener würdigen: So entstand die Idee des Bronzezeithauses. Als Vorlage diente das »Hijken-Haus«, Bestandteil einer Bronzezeitsiedlung, die in den Niederlanden ausgegraben wurde. Nach drei Monaten Bauzeit konnte der 20 Meter lange Nachbau am Grabhügelfeld im März 2005 eröffnet werden. Auf dem 2,5 Hektar großen Gelände ist mittlerweile ein kompletter historisch getreuer Bauernhof entstanden. Begeben Sie sich also auf eine Reise in das Leben der Menschen von vor 3000 Jahren, die mit dem neuen Material Bronze das Ende der Steinzeit einleiteten.

Anfahrt Über A 30/B 61/E 30 (Schilder nach Amsterdam/Osnabrück), Richtung Nordhorn. Genaue Anfahrtskizze siehe auf der Website des Bronzezeithofs.

Informationen Bronzezeithof Uelsen, Am Feriengebiet 7, 49843 Uelsen, Tel. 05942/14 11, www.bronzezeithof.de, touristik@uelsen.de. **Eintrittspreise:** Erwachsene 3 €, Kinder (6–12 Jahre) 2 €, Gruppen (bis 25 Personen) 30 €, mehr als 25 Personen 60 €; Sonderpreise für Schulklassen inkl. Stockbrotbacken.

Öffnungszeiten April–Oktober jeden So von 13–17 Uhr, Juli/August Di–Fr von 14–17 Uhr geöffnet; Führungen können jederzeit gebucht werden.

Swingolf in Burgdorf spielen 76

Swingolf – davon haben Sie noch nie gehört? Das ist wie Minigolf für Große oder Golf für Kleine, ganz wie man es sehen will. Auf jeden Fall kann es so ziemlich jeder von 8 bis 88 spielen. Also packen Sie Freunde oder Familie ein, leihen Sie sich Ball, Schläger und Bollerwagen auf dem Hof Lahmann in Burgdorf-Otze aus, und ab geht's aufs Grün.

Am Empfang leihen Sie sich Ihre Ausrüstung und befüllen Ihren Bollerwagen mit Wasser, Limonade und Bier aus der gut bestückten Bar. Und dann kann es eigentlich auch schon losgehen: Nachdem der »Profi« gezeigt hat, wie es geht, dürfen Sie Ihre ersten Schläge machen. Sie müssen ja erst mal ein Gefühl für den 50 Gramm schweren Ball bekommen. Dieser ist etwa doppelt so groß wie ein Golfball – somit einfacher zu treffen –, und er muss in ein 30 Zentimeter großes Loch befördert werden. Klingt machbar, doch das Loch ist zwischen 75 und 300 Meter entfernt, und da »schlagen« Sie sich jetzt Stück für Stück hin. Die Regeln sind eigentlich ganz einfach: Nach dem Abschlag darf immer der vom Ziel am weitesten Entfernte schlagen – im schlimmsten Fall müssen Sie also mehrmals hintereinander ran. Zählen Sie Ihre Schläge gut mit, oder machen Sie sich einen Strich auf Ihrer »Score-Card«, denn am Ende gewinnt der Spieler mit der geringsten Anzahl.

Anfahrt Über die B 3 Richtung Flughafen/Celle/Misburg, die Ausfahrt B 188 Richtung Wolfsburg/Gifhorn/Burgdorf nehmen, dann über die Ausfahrt Richtung Otze/Burgdorf-Nord, links auf die Otzer Landstraße/K 121, bis zum Ziel auf der linken Seite.

Informationen Erlebnishof Lahmann – Swin Golf Otze GbR, Burgdorfer Str. 26, 31303 Burgdorf, Tel. 05136/837 37, www.erlebnishof-lahmann.de. **Preise:** Erwachsene 12 €, Jugendliche (8–16 Jahre) 8 €, außerdem gibt es Jahres- und 11er-Karten; im Preis enthalten sind: Schlägermiete, ScoreCard, Platznutzung, Einweisung; Ballpfand/Ball 2 €. Zusätzlich können Sie einen Verpflegungsbollerwagen für die Platzrunden über den Hof Lahmann bestellen (Vorbestellung dringend erforderlich!).

Öffnungszeiten Täglich ab 10 Uhr geöffnet.

Anfahrt Über die A 2 bis Abfahrt Wunstorf-Luthe, dann auf der B 441 in Richtung Luthe/Wunstorf/Steinhude, nun immer Richtung Steinhude halten. In Steinhude gibt es zwei Möglichkeiten, auf die Insel überzusetzen: am Ratskellergelände oder an den Strandterrassen; folgen Sie dazu der Beschilderung.

Informationen Inselfestung Wilhelmstein, Postfach 2103, 31515 Wunstorf, Tel. 05033/14 36, info@wilhelmstein.de, www.wilhelmstein.de. **Preise:** Festungseintritt: Erwachsene 3 €, Gruppen 2 €/Person, Kinder (4–14 Jah re) 1,50 €; Überfahrt mit dem »Auswanderer« (Hin- und Rückfahrt): 7 €, Kinder (4–14 Jahre) 4 Kontakt Schifffahrt: Tel. 05033/17 21.

Öffnungszeiten Inselfestung: 1.4.–15.10. täglich von 9.30–17.30 Uhr geöffnet. Restaurant Inselküche: 1.4.–31.10. täglich von 10–18 Uhr geöffnet, bei Bedarf auch länger.

Fahrt zur Insel Wilhelmstein 77

Mitten auf dem Wasser liegt sie: die Festung Wilhelmstein im Steinhuder Meer. Wilhelm Graf zu Schaumburg-Lippe ließ die Insel vor 250 Jahren künstlich aufschütten – als Fluchtpunkt vor Angreifern. Heute dient das Eiland als Ausflugspunkt für Touristen. Besuchen Sie den See nahe Hannover und erkunden Sie die kleine Insel!

Am besten setzen Sie ganz gemütlich in einem »Auswanderer« zur Insel über. So heißen die Segelboote, die seit jeher schon die Menschen vom ufernahen Steinhude ins »hannoversche Ausland« Mardorf und zur Insel brachten.

Doch Wilhelm Graf zu Schaumburg-Lippe hatte mit dem Bau dieser Festung natürlich nicht Tourismus, sondern vielmehr Taktik im Sinn: Er wollte seine kleine Grafschaft vor Angriffen der hessischen Truppen schützen. 1767 war die Festung dann fertig: eine sternförmige Insel, auf der ein massives Mauerwerk das kleine Schloss vor Eindringlingen schützte. 16 sogenannte Außenwerke umgaben die Festung. Später wurden sie dann mit der Insel verbunden, sodass der Wilhelmstein seine quadratische Form bekam.

Auf der Insel angekommen, werden Ihnen sofort die alten Kanonen am Ufer ins Auge fallen. In den Gemäuern der Festung können Sie nicht nur auf den Spuren des Grafen wandeln und sein Waffenarsenal bestaunen. Hier treffen Sie auch auf ein Stück deutsche U-Boot-Geschichte: Im Kellergewölbe steht ein Modell des »Steinhuder Hechts«, das erste Tauchboot Deutschlands. Das fischförmige Unterwasser-Gefährt wurde auf der Insel entwickelt. Und daneben stoßen Sie außerdem auf Arrestzellen. Nach der Schließung der inseleigenen Militärschule genossen hier nicht mehr Kadetten ihre Ausbildung, sondern Häftlinge mussten ihre Strafe verbüßen – auf der Gefängnisinsel Wilhelmstein.

Ab 1900 kamen dann immer mehr Menschen aus freien Stücken nach Wilhelmstein, heutzutage z. B. zum Insel-Marathon: 50 Läufer spurten immer Ende April 120 Mal um die Festung.

Anfahrt A 37/B 3 Richtung Celle/Misburg, die Auffahrt Richtung HH/LG Celle-Zentrum nehmen, auf der B 3 weiter, dann links abbiegen auf die Spörckenstraße.

Informationen Niedersächsisches Landgestüt Celle, Spörckenstr. 10, 29221 Celle, Tel. 05141/92 94-0, www.landgestuetcelle.de.

Die Preise variieren je nach Sitzkategorie; zu erfragen und bestellen über Tickethotline 01805/99 44 01 oder 05141/92 94 15.

Termine Celler Hengstparade 2017: So, 17.9., 13 Uhr; Sa, 23.9., 13 Uhr; So, 24.9., 13 Uhr. Besichtigungszeiten fürs Landgestüt: Mo–Fr 8–12/13–15.30 Uhr, Sa 8–12 Uhr.

Die Hengstparade in Celle besuchen

78

Niedersachsen ist Pferdeland, und das Ross ziert sogar das Wappen. Einer von den vielen Zuchtbetrieben der Region ist das Landesgestüt Celle. Es heißt zwar Gestüt, aber dort gibt es nur Hengste. Eleganz und Grazie sollen nur weibliche Eigenschaften sein? Das widerlegen die Züchter jedes Jahr aufs Neue: bei der Hengstparade.

Seit 1735 werden auf dem Celler Gestüt Hannoveraner gezüchtet. In der Mitte der im barocken Stil gebauten Stallungen und der Häuser ist der Paradeplatz, auf dem jedes Jahr an den letzten beiden Wochenenden im September und am ersten Wochenende im Oktober die Celler Hengstparade stattfindet.

Die Züchter präsentieren an diesen Tagen alle 150 Hengste des Landgestüts. In historischer Dienstkleidung – also in weißen Hosen und in schwarzen, blank polierten Stiefeln und roten Gehröcken mit goldenen Knöpfen – zeigen die Reiter eindrucksvoll die edlen Tiere. Zu passender Musik traben die wunderschönen Tiere leichtfüßig über den Paradeplatz. Die Hufe berühren dabei nur sanft, fast schon behutsam den Grasboden.

Mit Spannung wird jedes Jahr die »Ungarische Post« erwartet: Auf den Rücken zweier Pferde stehend, die Zügel in den Händen haltend, saust ein Mann im Galopp an den Zuschauerrängen vorbei. Rasant geht es durch die Kurven, die Pferde preschen angestrengt über den Platz. So eilig wie der Reiter mögen es die ungarischen Postboten einmal gehabt haben, doch so wagemutig war bestimmt keiner beim Zustellen der Briefe.

Genauso großer Beliebtheit erfreut sich die »Kutschen-Zeitreise«: In der jeweiligen Zeit angepasster Kleidung führen die Kutscher faszinierend lange Gespanne vor wie den Zehnspänner oder spielen ein Rennen in Toga und Sandalen im altrömischen Kampfwagen nach.

Entdecken Sie, wie vielseitig Pferdezucht sein kann, und genießen Sie die perfekte Mischung aus Pferdesport und Unterhaltung.

Anfahrt Über die A 37/B 3 Richtung Celle/Misburg, die Ausfahrt Wolfsburg/Gifhorn/Burgdorf nehmen, rechts auf die Straße »Abbeile«; der Park ist ausgeschildert.

Informationen Erse Park Uetze, Abbeile 2, 31311 Uetze, Tel. 05173/352, www.erse-romantikpark.de. **Eintrittspreise:** Kinder unter 2 Jahren frei, Kinder (2–14 Jahre) 18 €, Jugendliche ab 14 Jahren/Erwachsene 20 €, Gruppen (ab 20 Personen) 14 €/Person; Hunde an der Leine erlaubt.

Öffnungszeiten Täglich von 10–18Uh März/April/September/Oktober sowie an regne rischen Tagen während der Woche geschlossen

Den Erse Park bei Uetze besuchen

79

Hinter Burgdorf bei Hannover liegt das Zuhause von »Ersi«, dem großen roten Drachen, der Sie im Erse Park in Uetze begrüßt. Sein Reich ist klein, aber fein: Auf beschaulichen 120 000 Quadratmetern hat der Park jede Menge zu bieten – Begegnungen mit Urzeitwesen im »Reich der Dinosaurier«, ein Drachenland, Fahrgeschäfte und noch vieles mehr.

Eine rasante Reise durch die Urzeit erwartet Sie im »Lost World Spinning Rafting«. Sie sitzen in einem runden Boot, das durch die Wellen strudelt und Sie so richtig durchschüttelt. Entlang der rund 240 Meter langen Wasserbahn gucken Ihnen lebensgroße Saurier-Figuren zu.

Wer die Urzeit-Echsen etwas gemächlicher genießen möchte, kann die Reise durch die Urzeit auch im Kanu machen. Diese eignen sich eher für den Besuch mit kleinen Kindern, weil von dort ganz in Ruhe die Dinosaurier bestaunt werden können.

Ob Bobbahn, Schiffschaukel oder eine Fahrt im Oldtimer – der Erse Park hat für jedes Familienmitglied etwas zu bieten. Und wenn Sie sich erst einmal einen Überblick verschaffen wollen, ist eine zehnminütige Rundfahrt mit der Parkeisenbahn sehr zu empfehlen.

Für die kleinen Besucher ist die »kidswelt« ein Erlebnis. Tauchen Sie ein in die Welt der Märchen, wandeln Sie durch die liebevoll gestaltete Landschaft, und lassen Sie sich von der bunten Szenerie in ihren Bann ziehen. Und nach der Begegnung mit Aschenputtel, Frau Holle und dem Froschkönig sollten Sie den nostalgischen Jahrmarkt besuchen. Während die Kleinen sich an den Spielbuden austoben können oder der ulkigen Krokodilband lauschen, können die Eltern einfach mal abschalten und entspannen.

Und sogar der Vierbeiner muss nicht im Auto zurückbleiben, sondern kann mit durch den Park spazieren. Ihr Auto können Sie kostenlos auf dem Parkplatz abstellen – und gleich in ein Steinzeitfahrzeug umsteigen. Schon beginnt die Fahrt durchs Drachenland von »Ersi« …

Anfahrt Wenn Ihr Navi das Wisentgehege noch nicht als Ausflugsziel kennt, geben Sie bitte »Alvesrode« (PLZ 31832, gehört zu Springe), Straße »Zum Saupark«, ein. Die kleine Ortschaft Alvesrode ist nur 1 km vom Wisentgehege entfernt. Das Wisentgehege ist dort gut ausgeschildert.

Informationen Niedersächsische Landesforsten, Wisentgehege Springe, Wisentgehege 2, 31832 Springe, www.wisentgehege-springe.de. **Eintrittspreise:** Erwachsene 11 €, Kinder (3–14 Jahre) 7 €, Kinder (ab 15 Jahren m Schülerausweis) 7,50 €, Ermäßigungen 8,50 €, außerdem gibt es Familien- und Gruppenermä-ßigungen. Tagesaktuelle Infos gibt's unte Tel. 05041/58 28.

Öffnungszeiten März/April und Oktober täglich von 8.30–17 Uhr, Mai–September von 8.30–18 Uhr, November–Februar von 9–16 Uhr geöffnet.

Im Wisentgehege in Springe Tiere hautnah erleben 80

Sie wissen nicht, was ein Wisent ist? Ohne das Wisentgehege in Springe hätten Sie heute wohl auch keine Chance mehr, ein echtes europäisches Bison zu sehen. Seit 1928 setzt man sich dort für den Erhalt der vom Aussterben bedrohten Rinderart ein. Doch in den Gehegen in Springe werden Ihnen nicht nur Wisente begegnen …

In den 1950er-Jahren wurde aus dem Wisentgehege nämlich ein Wildgehege. Otter, Przewalskipferd, Luchs, Elch und Wolf – entlang des sechs Kilometer langen naturbelassenen Rundgangs können Sie heute rund hundert Wildtierarten hautnah erleben.

In den 1920er-Jahren ergriff man in Springe die Initiative, um das größte europäische Säugetier vor dem Aussterben zu bewahren: Nur noch 56 Wisente lebten 1928 in Gefangenschaft. Den letzten frei lebenden Bullen hatte ein Jäger bereits ein Jahr zuvor erlegt. Bis zum Jahr 2012 sind 329 der gehörnten Tiere in der Einrichtung in Springe geboren, und so konnte Mitte der 1990er-Jahre sogar eine Herde in ein Gehege in Brandenburg abgeben werden.

Der Einsatz für das Wisent ermöglicht es Ihnen heute, die ruhigen Riesen beim Grasen und Ruhen zu beobachten. Bei den Springer Wisenten handelt es sich größtenteils um Tiere aus der Flachland-Kaukasus-Linie. Die braunen europäischen Wildrinder bringen ausgewachsen eine halbe Tonne und mehr auf die Waage.

Nachdem Sie die europäischen Bisons gefüttert haben, können Sie eine weitere bedrohte Art erleben: Wölfe. Rudelführer Matthias Vogelsang lebt und arbeitet mit den Tieren zusammen und kann Ihnen viel über seine Arbeit mit den Tieren erzählen.

Und danach geht's noch hoch hinaus: bei den Flugvorführungen mit Adlern und Falken.

Ihnen steht im Wisentgehege also ein erlebnisreicher Tag bevor! Und wenn Sie am Ende auf der Terrasse im Café Wild entspannen, galoppieren gleich daneben die Wildpferde über die Wiese.

Anfahrt Über A 1 Richtung Hamburg, die Ausfahrt B 71 Richtung Bockel/Bremervörde nehmen, links abbiegen auf die B 71, im Kreisverkehr die 2. Ausfahrt (K 140) nehmen, im nächsten Kreisverkehr die 1. Ausfahrt (Bremer Straße/L 122) nehmen, dann rechts abbiegen auf die Straße »Meyerhöfen«; das Ziel ist auf der linken Seite.

Informationen Feuerwehrmuseum Zeven e. V., Meyerhöfen 7, 27404 Zeven, Tel. 04281/23 76 (Infoband) bzw. Tel. 04281/86 72, www.feuerwehrmuseum-zeven.de.
Eintrittpreise: Erwachsene 4 €, Kinder 1,50 €, bei Gruppen von 10 Personen eine Person grat Führung Erwachsenengruppe zzgl. 20 €.

Öffnungszeiten April–September jeden So von 14–17 Uhr, Oktober–März jeden 2. und 4. Sonntag von 14–17 Uhr geöffnet; Gruppen und Führungen nach Vereinbarung.

Staunen im Feuerwehrmuseum in Zeven

81

Die Feuerwehr im Wandel der Zeiten – das können Sie im Feuerwehrmuseum in Zeven erleben. Wann wurden die ersten Wehren gegründet? Wie fuhr die Feuerwehr vor 150 Jahren zum Einsatzort? Hier erwartet Sie eine anschauliche Ausstellung mit großen Fahrzeugen und kleinen Zeitzeugen, die Erwachsene wie Kinder begeistern wird.

Die Geschichte der ältesten Bürgerinitiative Deutschlands können Sie in dem 1988 gegründeten Technik- und Heimatmuseum in Zeven bestaunen. Heute rücken die Brandschützer in hochmodernen Einsatzfahrzeugen aus und greifen auf Hilfsmittel wie Atemschutzmasken oder Drehleitern zurück. In der Mitte des 19. Jahrhunderts hingegen hatten es die Feuerwehrleute deutlich schwerer: Damals zogen noch Pferde die Feuerspritze zum brennenden Haus, und die Freiwilligen mussten kräftig pumpen.

Sehen Sie in der Ausstellung »Entwicklung des Brandschutzes«, wie der technische Fortschritt die Arbeit verändert hat. Helme, Anzüge und andere interessante Gegenstände führen Sie – kombiniert mit Info-Tafeln und Grafiken – durch die Jahrzehnte.

Eine Zeitreise von der ersten industriell gefertigten Handdruckspritze bis zum serienmäßigen Feuerwehrauto der 1940er-Jahre – die erwartet Sie im Erdgeschoss, wo die großen Fahrzeuge stehen. Besonders stolz sind die Zevener auf ihre selbst restaurierte Opel Kraftfahrspritze aus dem Jahr 1928. Und auf dem Museumsgelände steht ein originales Spritzenhaus aus der Zeit um 1900.

Wie wähle ich den Notruf, und was sage ich am Telefon? Das können Ihre Kinder im Museum ganz leicht lernen. Dafür steht den kleinen Besuchern ein eigener Bereich zur Verfügung, in dem sie viel ausprobieren können und Spannendes über die Brandschützer erfahren.

Hier in Zeven, einem der größten Feuerwehrmuseen Deutschlands steht Ihnen und Ihren Kindern ein lehr- und abwechslungsreicher Tag bevor!

Anfahrt Mit dem Auto: Von Norden und Süden über die B 3, von Westen und Osten über die B 1 zu erreichen. Mit der Bahn: Das Rasti-Land liegt an der Bahnstrecke Hameln–Hildesheim, der nächstgelegene Bahnhof ist Osterwald. Von dort aus sind es noch ca. 20 Min. zu Fuß bis zum Rasti-Land. Gehen Sie nach Verlassen des Bahnhofs links bis zur Hauptstraße; an dieser gehen Sie wieder links und dann immer nur noch geradeaus.

Informationen Rasti-Land, Quantho Str. 9, 31020 Salzhemmendorf, Tel. 05153/940 www.rasti-land.de. **Eintrittpreise:** Kinder unte 3 Jahren frei, Kinder (3–11 Jahre) 19,50 €, Besu cher ab 12 Jahren 24 €; außerdem gibt es Ermä gungen für Behinderte, Gruppen und Familier

Öffnungszeiten Juni–August täglich von 10–18 Uhr geöffnet, im April teils von 10.3 17 Uhr, im Mai/Oktober teils von 10–17 Uhr, tei von 10.30–17 Uhr – bitte informieren Sie sich vorab über die Infohotline.

Das Rasti-Land in Salzhemmendorf besuchen

82

Auf ins Abenteuer, heißt es im Rasti-Land in Salzhemmendorf. Reisen Sie in das Reich des T-Rex, sausen Sie in der Gondel des Fallturms zwölf Meter in die Tiefe, oder wagen Sie eine turbulente Fahrt mit der Rafting-Bahn – der Erlebnispark im Süden Niedersachsens bietet Spaß und Erlebnis pur für die ganze Familie.

Das Rasti-Land ist noch ein echter Familienbetrieb. 1970 kaufte der Park-Gründer eine alte Kiesgrube und verwandelte sie nach und nach in eine Vergnügungslandschaft. 1973 strömten dann die ersten Besucher durch die Eingangspforten. In den ersten Jahren gab es nur ein paar Fahrgeschäfte; inzwischen hat sich das Rasti-Land zu einem vielseitigen Erlebnispark gemausert.

Bei so vielen Attraktionen wie der Wildwasserbahn oder dem Trubel auf dem historischen Jahrmarkt merken Sie gar nicht, wie schnell die Zeit vergeht. Einen schönen Eindruck von dem rund 160 000 Quadratmeter großen Gelände und seiner Vielfalt bekommen Sie bei einer gemütlichen Fahrt mit der Western-Eisenbahn. Diese tuckert schon seit dem Eröffnungstag durch den Erlebnispark.

Und hier gibt es nicht nur die Dinosaurier, sondern auch echte Seeräuber! Starten Sie mit Ihren Kindern zu einer »Abenteuerfahrt durch die Piratenstadt«. Aber Achtung: Wasser stürzt plötzlich von den Wänden herab, oder ein Krokodil taucht neben Ihnen aus dem Wasser auf … Lassen Sie sich einfach überraschen!

Wer den Nervenkitzel sucht, sollte mit der Rafting-Bahn fahren: In einem Rundboot steuern Sie erst durch einen Strudel und stürzen dann eine Wildwasserbahn hinunter. Nach einer rasanten Fahrt durch einen Tunnel und durch einen großen Wasserfall erkunden Sie dann im Boot das Reich der Dinosaurier.

Reifenrodeln, Riesen-Schiffschaukel, Robinsons Inseln – in dem Park gibt es noch so viel mehr zu entdecken. Machen Sie sich also auf zu einer Erkundungstour durchs Rasti-Land.

83 Lüneburgs Salzgeschichte kennenlernen

Einst soll ein Jäger bei Lüneburg ein weißes Wildschwein erlegt haben, in dessen borstigem Fell viele Salzkristalle klebten. Der Schütze hatte das Schwarzwild oft beim Suhlen in Sümpfen beobachtet – ein Schluck daraus brachte Gewissheit: Er hatte eine Salzsole entdeckt. So berichtet die Sage vom Fund des Salzstocks in Lüneburg vor 1000 Jahren.

Ob sich diese Geschichte nun zugetragen hat oder nicht: Auf jeden Fall brachte der Salzstock den Lüneburgern großen Reichtum ein. Salz war zu dieser Zeit ein äußerst wertvolles Gut und das einzige Konservierungsmittel für Fisch – die Lüneburger hatten quasi das Monopol darauf. Sie förderten das »weiße Gold« bis 1980 zutage und trennten es in großen Siedepfannen vom Wasser. Im letzten erhaltenen Siedehaus entstand das »Deutschen Salzmuseum«, auf dessen Gelände imposante Pendelgestänge stehen. Diese verliefen früher über 1300 Meter durch die Stadt, von der Ilmenauer Mühle bis zur Saline. So konnten die Sole-Pumpen mit Wasserkraft angetrieben werden. In einer kleinen Hütte gibt es eine Schausiederei: Hier können Sie hautnah verfolgen, wie die Lüneburger jahrhundertelang in großen Pfannen das kostbare Gewürz gewannen. In der »Unterwelt«, den alten Schächten unter dem Siedehaus, können Sie selbst etwas Sole schöpfen. Daraus können Sie dann im Museum Ihr eigenes Salz herstellen.

Anfahrt Aus allen Richtungen: Stadtring (blaue Route) bis zum Großparkplatz »Sülzwiesen«; von dort sind es ca. 3 Min. zu Fuß.

Informationen Deutsches Salzmuseum Industriedenkmal Saline Lüneburg, Sülfmeisterstr. 1, 21335 Lüneburg, Tel. 04131/720 65 11, info@salzmuseum.de, www.salzmuseum.de. **Eintrittspreise:** Erwachsene 7 €, Schüler 4 €, Kinder unter 6 Jahren frei, Gruppenpreis (Erwachsene ab 8 Personen) 5,50 €/Person, Familienkarte 20 €; Preise inkl. Führungen: Erwachsene 8,50 €, Schüler 5 €, Familienkarte 23,50 €; Kombikarte Salzmuseum und Wasserturm 7 €, Familienticket 21 €.

Öffnungszeiten Oktober–März Mo–So von 10–17Uhr, Ruhetage 24.–26.12./31.12./1.1., April–September Mo–Fr von 9–17 Uhr, Sa/So/feiertags von 10–17 Uhr geöffnet.

Das Stones Museum in Lüchow-Dannenberg rocken 84

Die Stadt Lüchow hat seit 2008 ein Supermarktgebäude weniger – denn das wurde von Ulli Schröder, dem wohl größten Fan der Rolling Stones, gekauft. Nach einem Komplettumbau erinnert hier nun nichts mehr an Wurstwaren & Co.: Ulli Schröder hat mit Leidenschaft ein einzigartiges Rolling-Stones-Museum daraus gemacht.

Der ehemalige Bankangestellte sammelt seit den 1960er-Jahren alles, was mit der Rockband zu tun hat, und somit finden Sie auf den etwa 1000 Quadratmetern Ausstellungsfläche alles, was das Fan-Herz begehrt: von den Musikern unterschriebene Gitarren, goldene Schallplatten und alle Stücke, auf denen die rote Zunge, das Markenzeichen der Gruppe, zu sehen ist. Das »Groupie-Zimmer« in der ersten Etage des Museums verfügt natürlich stilecht über einen Whirlpool mit goldenen Wasserhähnen, und für Ihr leibliches Wohl sorgt das kleine Pub, wo man Sie gern mit kühlem Guinness versorgt.

Und was wäre ein Fanmuseum der Rolling Stones ohne einen handfesten Skandal? Die Herrenurinale in Form eines Kussmundes stießen bei einer Gruppe Damen nicht auf große Zustimmung. Sie seien sexistisch, und somit ging die »Toilettenaffäre« durch sämtliche Zeitungen dieser Welt. Ist es auf diese Publicity zurückzuführen, dass Ulli Schröder Fans aus sämtlichen Ländern der Welt begrüßen darf? Dieses Museum ist nicht nur für Fans ein absolutes Muss, sondern auch für solche, die es (noch) werden wollen!

Anfahrt Auf der Webseite des Museums ist direkt ein Routenplaner verlinkt, über den man sich von seinem Standort zum Museum leiten lassen kann.

Informationen Ulli Schröders Stones Fan Museum Lüchow, Dr.-Lindemann-Str. 14, 29439 Lüchow, Tel. 05841/59 02, www.stonesfanmuseum.com, mail@stonesfanmuseum.de.

Öffnungszeiten Ostersonntag bis 31.10. immer von Di–So von 12–20 Uhr geöffnet; Mo Ruhetag.

Auf dem wilden Wasser der Ruhme raften

85

Der Harz ist als Wintersport-Region bekannt, und im Sommer gibt's hier tolle Wanderrouten – aber jetzt kommen auch Wassersportfans auf ihre Kosten! Ein wilder Fluss mit Stromschnellen und sprudelndem Wasser – die Ruhme will bezwungen werden. Vier Stunden Abenteuer pur für die ganze Familie gibt es hier zwischen Katlenburg und Elvershausen zu erleben.

Ein paar Voraussetzungen müssen Sie allerdings mitbringen, um beim Rafting auf der Ruhme nicht unterzugehen: Mindestens zwölf Jahre alt muss man sein, man darf keine Angst vor kaltem Wasser haben – und natürlich muss man auch schwimmen können! Sie bekommen zwar eine Schutzausrüstung, die u.a. aus einem Neoprenanzug besteht, jedoch erwärmt sich das Wasser der Ruhme selbst im Hochsommer selten über 10°C.

Ausgerüstet mit Helm, einem Paddel und dem sogenannten »Tube«, einem dicken Gummireifen, bekommen Sie die Einweisung von Ihrem Guide: »Am Schwall Paddel und Füße hoch, damit die Füße nicht an den Steinen hängen bleiben« – und dann geht's mit Jubeln und Kreischen in die Fluten.

Zwischendurch wird immer mal wieder angehalten, und man bespricht den nächsten Streckenabschnitt mit dem Trainer – denn die Ruhme hält so einige Überraschungen bereit …

Auf geht's also zum maximalen Rafting-Kick!

Anfahrt A7 Abfahrt Northeim, auf 241 nach Northeim, links auf Breiter Weg, rechts auf Friedrich-Ebert-Wall – In der Fluth, links in Kanalstraße – Am Blumenkanal.

Information Bootsverleih Northeim, Am Rhumekanal 1, 37154 Northeim, Tel. 05551/4380, http://trekkingguide.de/wandern/deutschland-weserbergland-leinebergland-kanu.htm. **Preise:** 5 €/Std./Person für Kajaks.

Öffnungszeiten Bootsverleih Mai–September Di–Sa 14.30–18 Uhr, So/feiertags 14–18 Uhr (Touren nach Absprache, wetterbedingt).

Information https://www.ballonfahrt.org/deutschland/niedersachsen/ oder http://www.dunker-mueller.de/ballonfahren-niedersachsen/. **Preise:** Ab 220 €.

Im Heißluftballon über Niedersachsen fahren

86

Die Lüneburger Heide ist ein beliebtes Ausflugsziel. Die Heimat der »Erika« haben viele schon mit der Pferdekutsche, dem Rad oder zu Fuß erkundet. Aber eine Perspektive kennen Sie bestimmt noch nicht: Betrachten Sie das schöne Naturschutzgebiet doch einmal aus der Luft – bei einer gemütlichen Fahrt im Heißluftballon.

Haben Sie nicht auch schon mal einen Heißluftballon am Himmel entdeckt und sich gefragt, wie die Aussicht wohl von dort oben sein mag? In diesen Genuss können Sie ganz leicht kommen: in Buchholz in der Nordheide. Von dort starten regelmäßig gemächliche Rundfahrten von etwa ein bis zwei Stunden. Ballonfahrer Axel Ockelmann und sein Team lassen das Luftgefährt aber auch in Ihrem eigenen Garten aufsteigen – sofern er groß genug ist.

Das Feuer faucht unter dem Ballon, der Brenner heizt die Luft auf, langsam hebt sich die große Hülle gen Himmel. Kurze Zeit später ist der Ballon straff gefüllt, und die Fahrt kann beginnen. Hoch oben wirken sie so klein, doch am Boden ist ihre Größe beeindruckend: Ein normaler Heißluftballon kann etwa 4000 Kubikmeter Luft fassen – das entspricht mehr als der Wassermenge in einem großen Schwimmbecken.

Und eines sollten Sie sich merken: Der Ballon fliegt nicht, sondern er fährt durch die Luft. Diese Bezeichnung stammt noch aus den Anfängen. Die Pioniere machten sich wie Seefahrer auf zu einer Reise durch das »Luftmeer«. Die erste Besatzung eines Ballons bestand aber aus drei Tieren: einem Hahn, einer Ente und einem Hammel. Man traute dem »himmlischen Ozean« nicht so recht über den Weg. Nachdem die Tiere wohlauf gelandet waren, wagten die Franzosen Jean-François Pilâtre de Rozier und François d'Arlandes am 21. November 1783 die erste Ballonfahrt der Menschheitsgeschichte.

Seien Sie genauso wagemutig, und stürzen Sie sich in das Abenteuer Ballonfahrt – während Ihnen der Wind um die Nase weht, werden Sie eine einmalige Aussicht genießen!

Anfahrt A7, Ausfahrt 73 Richtung Geismar, über B3 und L569 nach Duderstadt. Auf die braunen Wegweiser zum Natur-Erlebniszentrum der Heinz Sielmann Stiftung In Duderstadt achten bzw. Richtung Fuhrbach/ Brochthausen/Zwinge (L 531) halten, nach ca. 3 km auf der L 531 am Gasthaus »Rote Warte« links zum Natur-Erlebniszentrum abbiegen, nach 300 m wieder links fahren bis zum Besucherparkplatz.

Informationen Heinz Sielmann Nat Erlebniszentrum, Gut Herbigshagen, 37115 D derstadt, Tel. 05527/914-0, info@sielmann-stif tung.de, www.sielmann-stiftung.de. Im Hof-C gibt's leckere Kuchen, kalte und warme Speise

Öffnungszeiten Werktags Mo–Do 10–16 Uhr, Fr 10–13 Uhr. Natur-Erlebnishaus, Hofladen und Café z.Zt. (2/2017) geschlossen, bitte aktuellen Stand auf Website nachschaue

Die Sielmannstiftung in Duderstadt besuchen

87

Die Liebe zur Natur brachte der Tierfilmer Heinz Sielmann den Zuschauern seiner Sendung »Expeditionen ins Tierreich« näher. In 170 Folgen schärfte er den Blick der Menschen für die Bedeutung von Flora und Fauna. Seine Lebensphilosophie wird auch nach seinem Tod weiter vermittelt: in der Heinz-Sielmann-Stiftung in Duderstadt.

Auf Gut Herbigshagen im Süden Niedersachsens setzt die Stiftung die Arbeit von Heinz Sielmann fort: mit einem Naturerlebniszentrum für die ganze Familie. Der Leitsatz der Stiftung, der auch direkt über der Eingangstür geschrieben steht, lautet: »Naturschutz als positive Lebensphilosophie«.

Verbringen Sie in Duderstadt schöne Stunden in der Natur, und entdecken Sie ihre Bewohner. Begeben Sie sich auf den interaktiven Lehrpfad mit Bauerngarten, besuchen Sie Bienenhaus, Insekten-Nistwand, Reptilien-Freigehege, Feuchtbiotop und Damwildgehege. Für den Schutz dieser Artenvielfalt setzte sich der Biologe Zeit seines Lebens ein. Er reiste dafür – oft mit seiner Frau Inge – um die halbe Welt. Sielmanns Aufnahmen brachten Tiere und Natur aus allen Kontinenten in unsere Wohnzimmer.

Um Flora und Fauna den Lebensraum zu sichern, kauft oder pachtet die Stiftung mithilfe von Spenden Flächen in ganz Deutschland. Zu »Sielmanns Naturlandschaften« gehören u.a. die Naturschutzgebiete Döberitzer Heide, der Braunkohletagebau Wanninchen und die Groß Schauener Seenkette. Einige Kindergärten sind sogar nach ihm benannt.

Nur: Die Wirkung seines Namens verblasst mit jedem Jahr mehr. Die jungen Menschen kennen »den Sielmann aus dem Fernsehen« nicht mehr. Deshalb will die Stiftung vor allem das Umweltbewusstsein der Kinder stärken. Und das passiert auf dem Gutshof oft ganz von allein: Ihre Kinder werden begeistert sein, wenn ihnen ein grüner Grasfrosch von der Hand hüpft oder sie plötzlich einem echten Hirsch gegenüberstehen.

Den Hundertwasser-Bahnhof in Uelzen bewundern 88

»Paradiese kann man nur selber machen, mit eigener Kreativität, in Harmonie mit der freien Kreativität der Natur.« Nach diesem Leitsatz lebte und arbeitete der österreichische Künstler Friedensreich Hundertwasser, nach dessen Plänen der Bahnhof Uelzen bis ins Jahr 2000 umgebaut wurde. Und ein Paradies hat er hier wirklich geschaffen.

Von weitem sehen Sie schon die goldenen Kugeln auf dem Dach. Die machen sofort neugierig und Lust auf mehr. Treten Sie näher an die bunten, verspielten Säulen am Eingang heran, dann kommt bestimmt in Ihnen das Gefühl auf, Sie wären in einem Comic: Nichts ist gerade, nichts gleicht dem anderen, und der Rundgang in diesem Bahnhof ist wie eine Entdeckungstour. Der Künstler selbst sagte einmal, dass Regen ihn glücklich machen würde, denn dann würden die wunderschönen Farben noch schöner leuchten. Aber selbst bei strahlendem Sonnenschein ist das Innenleben dieses Bahnhofs ein Farbfeuerwerk.

Die Fliesen an den Wänden der Toiletten scheinen wegzufließen, und eventuell wird Ihnen beim Händewaschen sogar ein bisschen schwindelig durch die ungewohnte Optik. Ein Wasserspiel plätschert, inmitten des Bahnhofs steht ein Märchenturm, und auf dem Bahnsteig eine Schweinefigur. Der Hundertwasser-Bahnhof in Uelzen bietet Ihnen an jeder Ecke eine Überraschung. Lassen Sie sich bei einer Führung durch eines seiner letzten Werke mit Geschichten rund um diesen Künstler verzaubern.

Anfahrt Mit der Bahn von Hannover Richtung Hamburg an der Station Uelzen aussteigen.

Informationen Bahnhof 2000 Uelzen e. V., Friedensreich-Hundertwasser-Platz 1, 29525 Uelzen, Tel. 0581/389 04 89, info@bahnhof2000-uelzen.de, www.hundertwasserbahnhof.de. **Preise für Führungen:** 5 €/Person, Kinder (6–14 Jahre) 3 €, Gruppen (bis 10 Personen) 45 €, jede weitere Person 4,50 €; spezielle Konditionen für Kindergruppen, Schulklassen sowie Führungen in Englisch oder Französisch.

Führungen Täglich um 11 Uhr.

Weihnachtsmarkt

Über einen niedersächsischen Weihnachtsmarkt bummeln 89

Der Duft gebrannter Mandeln liegt in der Luft, an den Ständen tummeln sich Menschen, wärmen sich die Hände am Glühwein, weihnachtliche Gesänge und Lichterketten verleihen dem Ganzen eine besinnliche Stimmung – die Weihnachtsmärkte sind in Niedersachsen ein ganz besonderes Erlebnis.

Der Hannoveraner Weihnachtsmarkt erstreckt sich durch die Fußgängerzone der Innenstadt, um die Marktkirche und die Altstadt. Besuchen Sie vor allem den mittelalterlichen Teil mit Gauklern und schönen Harfenklängen. Außerdem sollten Sie unbedingt an den finnischen Buden den Lachs probieren, der über offenem Feuer gegart wird.

Beim Lüneburger Markt dreht sich alles um den Adventskranz: Mit einem Durchmesser von 13 Metern zählt der Wichernkranz zu den größten Europas. Die Kerzen können Sie für einen guten Zweck entzünden – mittels einer SMS von Ihrem Handy aus!

Die Goslarer Altstadt mit ihren wunderschönen Fachwerkhäusern verwandelt sich zur Weihnachtszeit in einen Winterwald aus riesigen Fichten. Goslarer Spezialitäten, weihnachtliche Klänge und Kunsthandwerk sorgen garantiert für die richtige Stimmung.

Ein maritimer Markt erwartet Sie in der Seehafenstadt Emden. Die im Ratsdelft – ein Teil des Hafens – liegenden Museumsschiffe sind festlich beleuchtet und tauchen die Holzbuden in ein romantisches Licht.

Zur Weihnachtszeit öffnen auch zwei Schlösser ihre Pforten: Im Barockschloss Gödens im Landkreis Friesland können Sie selbst Kekse backen oder den festlichen Klängen der Jagdhornbläser lauschen. Und auch das Schloss Corvey bei Höxter ist zur Weihnachtszeit wunderschön geschmückt und lädt zum Verweilen ein. Eine Besonderheit ist die lebende Krippe im Innenhof.

Sie müssen sich aber nicht zwingend für einen Budenzauber entscheiden. Die meisten Märkte haben schon mehrere Wochen vor Weihnachten geöffnet.

90 Den Frühtanz in Tange mitfeiern

Getanzt wird in Niedersachsen schon mal bis zum Morgengrauen. Das ist auch im kleinen Tange im Ammerland so – außer am Pfingstsonntag. Wenn Nachtschwärmer normalerweise ins Bett fallen, steigt in dem kleinen Dorf um Punkt 8 Uhr morgens die Party: der »Tanger Frühtanz«. Mehr als 20 000 Menschen pilgern jedes Jahr dorthin.

Für die frühmorgendlichen Partygänger am Pfingstsonntag wird ein etwa 130 Meter langes Zelt aufgebaut – eine Fläche von 25 000 Quadratmetern zum kräftigen Feiern. Dazu gibt es eine große Bühne, auf der bekannte Schlager-Sänger wie Mickie Krause oder Michael Wendler den Besuchern mit Stimmungskrachern wie »Schatzi, schenk mir ein Foto« oder »Sie liebt den DJ« einheizen. Das Ammerland wird für einen Tag zum Mini-Ballermann! Privat organisierte Shuttlebusse fahren mittlerweile von überall in Niedersachsen hierher. So kommen die vielen Feierwütigen kostengünstig zur Megaparty und wieder zurück. Gefeiert wird dann bis spät in die Nacht.

Willkommen ist hier jeder, der Spaß am Feiern hat. Allerdings ist eher die junge Generation beim Frühtanz in Tange vertreten, und somit eignet sich diese Veranstaltung nicht als Familienausflug mit Kindern.

Anfahrt A 7 Hamburg/Bremen, A 27 Bremen/Walsrode, A 28 Oldenburg/Delmenhorst, am Dreieck Oldenburg-West rechts halten und den Schildern der A 28 Richtung Bad Zwischenahn/Groningen/Niederlande folgen, bei der Ausfahrt Apen/Remels Richtung Apen/Barßel fahren, links auf die Augustfehner Straße/K 11, weiter auf der Uplengner Straße/K 119, rechts auf die Stahlwerkstraße/K 114, geradeaus auf die Saterlandstraße/L 827, rechts auf die Nordloher Dorfstraße/L 829, dann rechts auf die Tanger Hauptstraße.

Informationen Disco Tange, Tanger Hauptstr. 42, 26689 Apen, Tel. 04499/15 56, info@disco-tange.de, www.disco-tange.de. Tickets gibt es nur an der Tageskasse.

Zeitpunkt Termin für den Frühtanz ist jedes Jahr an Pfingsten ab morgens 8 Uhr.

Einmal Panzer oder Bagger fahren

91

Bei folgenden Unternehmungen schlagen vor allem Männerherzen höher: mal mit einem echten Panzer durch die Wildnis wetzen oder mit einem 21 Tonnen schweren Bagger kräftig das Erdreich aufwühlen. Doch auch Frauen werden hinter dem Steuer eines PS-starken Militär- oder schweren Baufahrzeugs sicherlich jede Menge Spaß haben.

Auf dem Bundeswehrplatz bei Fürstenau werden schon lange keine militärischen Manöver mehr trainiert – hier kämpfen höchstens Sie sich noch durch unwegsames Gelände. Und dafür steht Ihnen ein vor Kraft strotzendes Gefährt zur Verfügung: ein M48 Kampfpanzer mit mehr als 800 Pferdestärken. Das mit Ketten angetriebene Fahrzeug stammt aus den USA. Mit dem 45 Tonnen schweren Stahlklotz durch das Gelände zu heizen ist aber nicht ganz günstig: Eine halbe Stunde kostet rund 300 Euro. Günstiger ist die Spritztour mit dem kleineren BMP-1, einem russischen Schwimmpanzer. Für rund 170 Euro können Sie in dem wendigen Panzer mit bis zu 65 km/h durch Wassergräben, Sandkuhlen und Schuttpisten jagen. Fahren können Sie nach vorheriger Buchung immer samstags und sonntags.

Wer sich für die Militärfahrzeuge nicht so begeistern kann, aber trotzdem mal ein tonnenschweres Gefährt lenken will, sollte zum Bagger-Park nach Haren im Emsland fahren. Für Kinder ab sechs Jahren gibt es Mini-Bagger; der »Kleine« wiegt aber auch schon stolze 1,5 Tonnen. Für die großen »Spielkinder« steht der 21 Tonnen schwere Bagger bereit. Eine Viertelstunde auf den Baufahrzeugen kostet zwischen 15 und 35 Euro.

Information Bundeswehrplatz Fürstenau, Pommernstr. 12, 49584 Fürstenau, Niedersachsen; Tel. 0170/408 17 61, www.panzerfun.de; Voranmeldung über Kontaktformular auf der Website Bagger-Park Emsland, Wittenberger Str. 10, 49733 Haren (Ems); Tel. 05932/733 39 26; www.bagger-park.de.

Öffnungszeiten Bis Ende Oktober täglich von 11–18 Uhr.

Informationen Sven Ahrends, Domäne Bill 1, 26571 Juist, Tel. 04935/12 12, www.juist.de. Fahrradverleihe gibt es in jedem Ort. Wer vorreservieren will, findet hier alle Adressen: http://www.juist.de/inselurlaub/sport-aktivitaeten/radfahren.html.

Öffnungszeiten Mo 11–17 Uhr, Di 1 17 Uhr, Mi Ruhetag, Do 11–17 Uhr, Fr 11–17 Uh Sa/So 11–17 Uhr.

Zur »Domäne Bill« am Weststrand von Juist radeln

92

Eine Radtour über Juist lohnt sich immer. Die ostfriesische Insel erstreckt sich über 17 Kilometer, und besonders verlockend dürfte eine Fahrt zum Westende sein: zum Ausflugslokal »Domäne Bill«. Nach einer Rundfahrt mit dem Rad können Sie sich dort selbst mit Rosinenstuten und einer originalen Ostfriesen-Teetafel belohnen – lecker!

Wer nach Juist möchte, sollte sich ganz sicher sein, denn die Fähre schippert nur einmal am Tag zur Insel und zum Festland. Doch die meisten Urlauber würden die von den Einheimischen liebevoll »Töwerland« – friesisch für Zauberland – genannte Insel am liebsten gar nicht mehr verlassen!

Wenn Sie auf dem Deich entlangfahren, weht Ihnen die frische Nordseeluft um die Nase. Atmen Sie tief ein, sie ist sehr gesund! Der Wind wirbelt vor der Küste Salzwassertropfen in die Luft, und diese wirken lindernd bei Atembeschwerden.

Fahrräder können Sie auf der ganzen Insel ausleihen. Auf der Internetseite www.juist.de finden Sie unter »Sport und Aktivitäten« einen Verleih in Ihrer Nähe.

Theoretisch könnten Sie dann wohl zur kürzesten Insel-Überquerung der Welt starten, denn an der engsten Stelle ist sie nur 500 Meter breit. Und obwohl Juist nur 16 Quadratkilometer groß ist: Zwischen der Kalfamer – friesisch für Kälberwiese – im Osten und dem roten Backsteinhaus »Domäne Bill« im Westen gibt es vieles zu entdecken!

Im Hauptort Juist sollten Sie den Kurplatz besuchen. Auf dem »Schiffchenteich« in der Mitte, einem ehemaligen Springbrunnen, haben schon Generationen von Kindern ihre Boote fahren lassen. Außerdem sind das historische Kurhaus, auch »Weißes Schloss am Meer« genannt, der alte Wasserturm und der Hammersee – der größte Süßwassersee der Nordseeinseln – auf jeden Fall ein paar kräftige Pedaltritte wert. Und die »Domäne Bill« ist für Ihre Radtour dann das perfekte Ziel, um den Abend entspannt bei einer schönen Tasse Tee ausklingen zu lassen.

Information Nationalpark-Haus Baltrum, Haus Nr. 177, 26579 Baltrum, Tel. 04939/469, www.nationalparkhaus-wattenmeer.de/baltrum, nlpe.baltrum@gmx.de.

Öffnungszeiten 1.4.–4.11. von Di–Fr 9.30–13/15–18 Uhr, Sa/So/feiertags 10–12/15–18 Uhr, Mo geschlossen.

93 Das Wattenmeer-Haus auf Baltrum besuchen

Das Leben im Ökosystem Watt ist eng mit Ebbe und Flut verbunden. Die UNESCO hat diese einzigartige Landschaft an der Nordseeküste im Juni 2009 zum Weltnaturerbe erklärt und sie unter besonderen Schutz gestellt. Doch was ist so besonders, so faszinierend am Wattenmeer? Im Nationalpark-Haus auf der Insel Baltrum erfahren Sie es!

Und nicht nur dort: Es gibt neben diesem noch die Nationalpark-Häuser Carolinensiel, Greetsiel, Dornumersiel, Norddeich, Juist, Land Wursten, Norderney, Wangerooge, Dangast, Wilhelmshaven, Wittbülten auf Spiekeroog, das Museum Nationalpark-Haus Fedderwardersiel auf der Halbinsel Butjadingen, das Wattenmeer-Besucherzentrum Cuxhaven und das Nationalpark-Schiff Feuerschiff Borkumriff an der niedersächsischen Küste. An jedem dieser Standorte erhalten Sie viele Infos rund ums Wattenmeer. Wussten Sie z. B., dass die Nordseeküste das Zuhause von rund 10 000 Tierarten ist?

Das Nationalpark-Haus auf Baltrum können Sie gar nicht verfehlen: Keine 200 Meter vom Hafen entfernt, finden Sie das Gebäude am Ortseingang auf der rechten Seite. Dabei handelt es sich um das Haus der früheren Inselreederei, das auf einer Wurt – einem künstlich aufgeschütteten Hügel – vor dem schützenden Deich steht.

Willkommen im Rhythmus der Gezeiten! Darum dreht sich vor allem die interaktive Ausstellung. Ein ganz besonderes Element ist die »Gezeitensäule«: Als Gezeiten oder Tiden bezeichnet man die periodischen Wasserbewegungen, die Erde, Sonne und Mond im Wattenmeer bewirken. Im Nationalpark-Haus können Sie in einem Modell über diese Faktoren herrschen. Nachdem Sie die Konstellation verändert haben, zeigt Ihnen die Wassersäule an, wie tief Sie im Baltrumer Watt nun unter Wasser stehen würden.

Geballtes Wissen über Ebbe und Flut, ein Einblick in die Unterwasserwelt und spannende Führungen durchs Watt – das erwartet Sie auf Baltrum!

94 Fußballgolf in Wiefelstede spielen

Fußball und Golf zählen nicht zu Ihren Lieblingssportarten? Macht nichts, die Kombination wird Sie bestimmt trotzdem begeistern! In Wiefelstede können Sie testen, wie gut Ihr Ballgefühl ist – und beim Einlochen der Bälle jede Menge Spaß haben. Die Fußballgolfanlage direkt am Bernsteinsee ist die größte Norddeutschlands.

Sie müssen kein Profi am Ball sein, um auf der Anlage in Wiefelstede einen vergnüglichen Tag verbringen zu können. Gespielt wird mit einem normalen Fußball. Den müssen Sie mit so wenigen Schüssen wie möglich in die Löcher schießen, die sich auf 18 verschiedenen Bahnen befinden. Der Parcours erinnert eher an eine überdimensionale Minigolf-Anlage als an einen klassischen Golfplatz: Auf dem Weg zum Ziel müssen Sie viele Hindernisse überwinden, z. B. den Ball durch einen Treckerreifen manövrieren oder durch einen Ring in der Luft schießen. Und das ist oft gar nicht so einfach. Die durchschnittliche Schusszahl für einen 18-Loch-Parcour liegt bei 72. Für eine Runde brauchen Sie etwa ein bis zwei Stunden.
Übrigens ist Fußballgolf eine anerkannte Sportart.

Anfahrt A29 Oldenburg–Wilhelmshaven bis Ausfahrt Spohle–Jaderberg, weiter Richtung Spohle, in Spohle rechts Richtung Conneforde. In Conneforde kann man den Ferienpark am Bernsteinsee gar nicht übersehen: entweder dem Schild »Kletterwald« (auf der anderen Straßenseite vom Ferienpark) folgen oder auf einem der Parkplätze an der Straße parken.

Informationen Fussballgolf am Bernsteinsee, Dorfstr. 8d, 26215 Wiefelstede, Tel. 04458/948 78 85, Mobil 0171/214 80 95, www.fuss-ball-golf.de/wiefelstede. **Preise:** Kinder (6–11 Jahre) 6,50 €, Jugendliche (12–17 Jahre) 7,50 €, Erwachsene 9,50 €.

Öffnungszeiten Für 2017: März: 18./19./25./26.3. 12–18 Uhr; April: 10–19 Uhr (außer 3.–7./24.–28.4. 15–19 Uhr); Mai: Mi–Fr 15–19 Uhr, Sa/So sowie 1./25./26.5. 10–19 Uhr; Juni/Juli: 10–19 Uhr (außer 1./2.6. 15–19 Uhr); August: Mo–Fr 12–19 Uhr (außer 1./2.8. ab 10 Uhr), Sa/So 10–19 Uhr; September: Mi–Fr 15–19 Uhr, Sa/So 10–19 Uhr; 1.–15.10.: Mo–Fr 12–18 Uhr, 3.10. sowie Sa/So 10–18 Uhr; 16.–31.10.: Fr–So 12–18 Uhr; 4./5.11.: 12–18 Uhr.

Ein Wochenende im verschneiten Harz verbringen 95

Mit dem Schlitten den Berg hinunter rodeln oder Ski fahren – aus diesen Gründen fahren die meisten Menschen im Winter in den Harz. Doch das höchste Gebirge Norddeutschlands hat in der kalten Jahreszeit noch so viel mehr zu bieten. Ein Wochenende im verschneiten Harz kann so aufregend, so entspannend, ja auch romantisch sein!

Wie wäre es z. B. mit einer Fahrt im Pferdeschlitten? Ein besonderes Vergnügen für Kinder: Sie können ihre Schlitten hinten am Gespann anbinden und sich darauf durch den Schnee ziehen lassen. In Bad Harzburg im Landkreis Goslar hält Rüdiger Hasenbalg für jeden Anlass die richtige Kutsche bereit. Er ist einer von vielen Kutschern, die Schlittenfahrten anbieten.

Ein Garant für Spaß ist die Snowtubing-Anlage im Teichtal Sankt Andreasberg. Dabei setzen Sie sich in einen Lkw-Schlauch und sausen die Piste hinunter. Im Tal angekommen, müssen Sie das runde Gefährt nicht selbst nach oben schleppen – Sie haken den Gurt am Lift ein und lassen sich bequem zur Abfahrt hochziehen. Passionierte Snowboarder kommen im Skistadion auf dem Sonnenberg auf ihre Kosten. Dort können Sie nach Belieben Tricks und Sprünge ausprobieren.

Und wenn Sie sich nicht entscheiden können, ob Sie eher einen Abenteuer- oder einen Erholungsurlaub machen wollen – auf dem Sonnenberg gar kein Problem. Denn von dort aus können Sie auch zu einem Ski-Langlauf starten. Das Wintersportgebiet ist direkt mit dem Sankt Andreasberger Loipensystem (Langlaufstrecken) verbunden. Und für Ihre Kinder gibt es dort auch einen Rodelhang.

Also – genießen Sie fantastische Tage im Harz!

Information Informationen zu den im Text genannten Veranstaltern und Orten finden Sie unter www.kutsch-und-planwagenfahrten.de, http://www,skilifte-sonnenberg.de/, www.sankt-andreasberg.com/bergsport/ de/frames/winter.html, www.bad-harzburg.de; generelle Informationen finden Sie unter www.harzinfo.de/winter-im-harz.html.

Anfahrt Über die A 7 bis Ausfahrt Groß Düngen/Heinde/Lechstedt/Bad Salzdetfurth, dort der Ausschilderung zur Soletherme folgen.

Informationen Infos zur GPS-Schatzsuche in Bad Salzdetfurth bei der Tourist-Information Bad Salzdetfurth, Oberstr. 11a, 31162 Bad Salzdetfurth, Tel. 05063/271 75 13, tourismus@bad-salzdetfurth.de, www.bad-salzdetfurth.de. Anmeldung unter Tel. 05063/46 29 (Café Bambus). Start der Schatzsuche in der Soletherme, Solebadstraße. Die GPS-Schatzsuche ist kostenlos; für das GPS-Gerät wird lediglich ein Pfand fällig, den Sie bei Rückgabe wieder erstattet bekommen.

Zeiten Mo–Fr spätester Startzeitpunkt der Schatzsuche 16 Uhr, Sa/So/feiertags spätester Start um 14 Uhr.

Auf GPS-Schatzsuche in Bad Salzdetfurth gehen

96

Wunderschöne Rad- und Wanderwege gäbe es dort – solche Ankündigungen rufen aber leider normalerweise bei Kindern keine Begeisterungsstürme hervor. Doch in Bad Salzdetfurth haben sogar die Jüngsten jede Menge Spaß dabei, die Gegend zu erkunden: Sie suchen dort die Sehenswürdigkeiten per GPS-Signal und finden manchmal sogar einen »Schatz« …

Bad Salzdetfurth hat zwar als Kur- und Erholungsort und als staatlich anerkanntes Sole- und Moorheilbad einiges zu bieten. Doch die Stadt suchte noch nach etwas mehr Aktion für ihre Gäste. Und so kam den Bad Salzdetfurthern die Idee zur GPS-Schatzsuche.

Mit dem Smartphone oder einem vor Ort geliehenen GPS-Gerät: In Bad Salzdetfurth werden Sie und Ihre Kinder zu Schatzsuchern! Sie müssen dafür kniffelige Rätsel lösen und einen Code knacken – sonst bekommen Sie die Schatztruhe nicht auf. So lauffreudig und vergnügt werden Sie Ihre Kinder noch nie durch eine Altstadt rennen gesehen haben …

Die Idee beruht auf dem immer beliebteren Geo-Caching, einer modernen, GPS-gestützten Schnitzeljagd. Menschen auf der ganzen Welt veröffentlichen die Koordinaten von Caches (engl. für »Verstecke«) im Internet oder suchen anhand von Einträgen anderer selbst danach.

Die kostenlose Schatzsuche »Weißes Gold« kam in Bad Salzdetfurth so gut an, dass das Angebot ausgebaut wurde: Inzwischen können Sie auf dem Rad das Umland mit der GPS-Karte »Ackergold« erkunden. Zudem gibt es »Schlemmertouren«, die die Kohltour zu einem besonderen Erlebnis werden lassen. Der Rundgang endet dann im Restaurant.

Wanderern stehen zehn Wege durch die hügelige Region offen. Familien können auf 13 Strecken durch die Landschaft radeln, und Sport-Radler können sich auf acht Routen von 43 bis zu 132 Kilometern Länge austoben. Startpunkt ist immer die Sole-Therme. In Bad Salzdetfurth gibt es bestimmt auch die richtige Tour für Sie!

5

Disc-Golf in Löningen spielen

97

In den Genuss einer Sportart der ganz besonderen Art kommen Sie in Löningen. Hier spielen Sie Golf – aber ganz ohne weiße Handschuhe, karierte Socken und Schläger: Im Hasetal wird der Parcours mit einer Frisbee-Scheibe bestritten. Versuchen Sie sich doch mal im Disc-Golf – vielleicht wird das ja zu Ihrem neuen Lieblingshobby!

Wie beim Vorbild Golf gilt auch beim Disc-Golf: Einlochen ist das Ziel. Die Frisbee-Scheibe müssen Sie allerdings nicht in ein kleines Erdloch, sondern in einen großen Korb werfen. Schon beim Üben werden Sie merken: Das ist gar nicht so einfach! Denn die Wurfscheibe fliegt selten gerade, sondern meist in einem großen Bogen durch die Luft. Der Wind tut da sein Übriges, um einen Treffer zu erschweren.

Beim Wettkampf mit dem Frisbee gelten ähnliche Spielregeln wie beim Golf: Jeder Mitspieler hat vier Würfe pro Korb. Schaffen Sie es, den Korb in vier Würfen zu treffen, spielen Sie Par. Das heißt in der Golfer-Sprache so viel wie »innerhalb der Vorgabe«. Brauchen Sie mehr Würfe, spielen Sie über Par, bei weniger Würfen unter Par. Derjenige gewinnt, der nach einer Spielrunde die wenigsten Würfe auf dem Konto hat. Den Weg zum Disc-Golf-Platz können Sie auch prima mit einer Radtour durchs Hasetal verbinden.

Anfahrt A7 bis Dreieck Walsrode, A27 in Richtung Bremen/Walsrode folgen, am Bremer Kreuz rechts auf A1 Richtung Osnabrück/Flughafen Bremen, Ausfahrt Cloppenburg auf Mesteker Straße/B72/E233 Richtung Emstek/Lingen/Meppen, nach 37km links auf die Bremer Straße/K161, dann rechts ab, um auf Bremer Straße zu bleiben – Löningen ist erreicht. Der Parcours liegt in einem Gelände an der Hase, nahe der Angelbecker Brücke, gegenüber vom Wellenfreibad Löningen.

Informationen Disc-Golf in Löningen, Infos und Reservierungen über Verkehrsverein Hasetal e. V., Tel. 05432/59 95 99, www.vvh-loeningen.de. **Preise:** Kinder bis 12 Jahre frei, sonst 2,50 €/Person; im Preis inbegriffen: Rucksack mit Scorecards, Stifte, Frisbee.

Öffnungszeiten Täglich ab 9 Uhr bis Einbruch der Dunkelheit geöffnet, sonst bis spätestens 21 Uhr.

Anfahrt Mit dem Auto: Ab jeder Autobahnausfahrt Emden ist die Kunsthalle ausgeschildert; im nahen City-Parkhaus ist das Parken als Gast der Kunsthalle für 4 Std. kostenlos. Mit dem Zug bis Emden-Hbf., von dort in 7 Min. zu Fuß zur Kunsthalle.

Informationen Kunsthalle in Emden, Stiftung Henri und Eske Nannen und Schenkung Otto van de Loo, Hinter dem Rahmen 13, 26721 Emden, Info-Tel. 04921/975 00 (Band), Tel. 04921/97 50 50, www.kunsthalle-emden.de, kunsthalle@kunsthalle-emden.de. **Eintrittspreise:** Erwachsene 8 €, ermäßigt 6 €, Kunstabend (jeder 1. Di des Monats) ab 17 Uhr 4 €, Kinder und Jugendliche bis 15 Jahre Eintritt frei, Gruppen ab 10 Personen 6 €/Person, Schüler bis Klasse 10 Eintritt frei, Schüler ab Klasse 11 1 €/ Person.

Öffnungszeiten Di–Fr 10–17 Uhr, Sa/So/feiertags 11–17 Uhr, Mo geschlossen; an jedem 1. Di im Monat langer Kunstabend bis 21 Uhr.

Die Kunsthalle in Emden besuchen 98

Kunst der Gegenwart wie Fotografien und Videos, abstrakte Malerei, Kunst der 20er-Jahre oder Werke des Neo-Expressionismus – die Kunsthalle in Emden bietet ein verblüffend breites Spektrum an. Ob Sie Kunstkenner sind oder nur einen Fabel fürs Kreative haben: Das Museum in der Hafenstadt ist auf jeden Fall einen Besuch wert!

Henri Nannen, Gründer und langjähriger Chefredakteur der Zeitschrift »Stern«, wendete in den 1980er-Jahren sein ganzes Vermögen auf, um die Emder Kunsthalle zu bauen – ein Geschenk an seine Heimatstadt. Seine vielen Skulpturen und Gemälde – hauptsächlich deutscher Expressionisten – sollten in dem Museum einen neuen Platz finden und so in Zukunft vielen Menschen zugänglich sein. Mit der Kunst-Schenkung des Münchner Galeristen Otto van de Loo Mitte der 90er-Jahre bekamen die Emder eine hochkarätige Ergänzung – die einen Ausbau des Museums nötig machte. Die Sammlung enthält nun auch Werke aus der Zeit nach 1945.

Einer der Lieblingsmaler Nannens war Emil Nolde, von dem der Museumsgründer allein 35 Werke stiftete und dem bereits drei Ausstellungen gewidmet wurden. Doch auch das kreative Schaffen anderer namhafter Künstler wie Pablo Picasso, Edvard Munch oder Niki de Saint Phalle konnten die Besucher schon bewundern.

Jährlich kommen mehr als 80 000 Kunstinteressierte in die Hafenstadt. Emden ist zwar keine Weltstadt, doch die Kunsthalle bietet ein breit gefächertes Repertoire auf internationalem Niveau.

Und wenn der Besuch Sie sehr inspiriert, können Sie Ihrer Kreativität im Anschluss gleich in der museumseigenen Malschule freien Lauf lassen! Von der Theorie über die richtigen Techniken bis hin zum freien Arbeiten – hier können Sie das alles vom Profi lernen. Und ob als Kind, Jugendlicher oder Erwachsener: Die Malschule bietet unterschiedliche Workshops z. B. zu Malerei, Bildhauerei und Druckgrafik für jede Altersstufe an. Also erkundigen Sie sich nach den aktuellen Angeboten und entdecken Sie vielleicht Ihr neues Hobby!

Anfahrt

Mit dem Auto: Über die A 2 aus Richtung Berlin oder Dortmund bis AS Hannover-Herrenhausen, auf der B 6 bis Ausfahrt Herrenhausen und den Schildern folgen; oder über die A 7 aus Richtung Süden bis AS Anderten, dann auf die B 65, am Landwehrkreisel weiter auf der B 6 bis Ausfahrt Herrenhausen und der Beschilderung folgen. Mit dem Zug bis Hannover-Hbf., von dort zu Fuß zum Kröpcke (ca. 3 Min.) und mit Linie 4 bis zu den Herrenhäuser Gärten.

Informationen

Herrenhäuser Gärten, Herrenhäuser Str. 4, 30419 Hannover, Tel. 0511/168-475 76, http://hannover.de/herrenhausen.

Eintrittspreise: Kombikarte (Großer Garten, Grotte, Berggarten, Museum Schloss Erwachse 8 €, Kinder bis 12 Jahre frei, Jugendliche (12–17 Jahre) 4 €, ermäßigt für Auszubildende, Studenten, Behinderte usw. 5 €; Ticket nur für den Berggarten: Erwachsene 3,50 €, ermäßigt 1,50 €, Kinder bis 12 Jahre frei.

Öffnungszeiten

Die Wasserspiele sind Mo–Fr von 10–12 und von 15–17 Uhr geöffnet; der Infopavillon ist nur in der Somme saison täglich von 9–18 Uhr geöffnet; die Gärte öffnen um 9 Uhr und schließen je nach Monat unterschiedlich.

Im Großen Garten von Hannover spazieren gehen

99

Die Herrenhäuser Gärten zieren seit rund 350 Jahren die Landeshauptstadt Hannover. Das Wasser plätschert hier die Große Kaskade hinunter, Springbrunnen und Statuen sind umrahmt von verschnörkelten Buchsbaum-Hecken: in einer der bedeutendsten Barockanlagen Europas können Sie Perfektion und Liebe zum Detail bewundern.

Mit einem Spaziergang durch den Großen Garten – das Herz des Parks – machen Sie eine Reise zurück in die Zeit des Barocks, der Herzöge und Kurfürsten. Johann Friedrich, der Sohn des Herzogs Georg von Calenberg, ließ 1655 ein Schloss in Herrenhausen erbauen. Er beauftragte seinen Gärtner, passend dazu aus dem kleinen Küchengarten einen Lustgarten zu gestalten. Solche Anlagen dienten der Erholung und Unterhaltung und besaßen oft kleine Bühnen, Pavillons und Obstbäume und beherbergten Tiere.

Jeder folgende Regent ließ den Garten nach seinen Vorlieben erweitern und gestalten. Mit Kurfürstin Sophie von der Pfalz prägte um 1700 erstmals eine Frau das Aussehen. Sophie war in den Niederlanden aufgewachsen und ließ den Garten im Stil der niederländischen Barockanlagen umgestalten, der in groben Zügen bis heute so erhalten ist. Ein Denkmal erinnert noch heute an die Adelige.

Hin und wieder begegnet Sophie Ihnen noch zwischen Springbrunnen und Blumenbeeten. Nehmen Sie doch an einer »Szenischen Führung« teil, und lassen Sie sich von der Kurfürstin ihre Lieblingsplätze zeigen. Genauso können Sie den Philosophen Gottfried Wilhelm Leibniz bei einem Gang durch den Park begleiten. Allerdings geht der Gelehrte lieber im Georgengarten spazieren, in dem ihm zu Ehren der Leibniztempel errichtet wurde.

Das Sealife-Aquarium im Regenwaldhaus des Berggartens, die Niki-de-Saint-Phalle-Grotte, die Fontäne im Süden des Großen Gartens oder die Lindenallee im Georgengarten – in den Herrenhäuser Gärten gibt es unglaublich viel Schönes zu entdecken!

Erika
Olga
Elise

Schulmuseum

Eine Schulstunde wie vor 100 Jahren erleben

100

Wenn Sie an Ihre eigene Schulzeit zurückdenken, werden Sie vielleicht etwas wehmütig. Oder Sie haben sich an Ihrem letzten Schultag, mit dem Abschlusszeugnis in der Hand, geschworen, nie wieder die Schulbank zu drücken. Überlegen Sie sich das gut, denn in Zetel können Groß und Klein eine ganz besondere Schulstunde erleben.

Vor der Eingangstür des Schulmuseums steht Fräulein Schneider, Ihre Lehrerin, mit weißer, gestärkter Bluse, einem langen Rock und dem Rohrstock in der Hand und maßregelt die ersten »Schüler«. Ordentlich aufstellen, Kaugummi raus, und im Gänsemarsch geht es hinein in die Klasse – Jungs von den Mädels getrennt. Im Klassenraum stehen alte Holzbänke mit Heften, kleinen Tafeln und Tintenfässern darauf, und es riecht nach Leinöl, mit dem die alten Holzdielen geölt wurden.

Den Beginn der Schulstunde läutet Fräulein Schneider mit einem kleinen Glöckchen ein. Und man merkt sofort, dass es hier anders zugeht als in einem heutigen Klassenzimmer. Hier wird nicht unaufgefordert geredet, nicht gelacht, und keiner dreht sich um. Jeder Schüler muss in ganzen Sätzen antworten, und die Mitschüler werden nicht geärgert. Schulgeschichte aktiv erleben – das ist nicht nur für Schulklassen spannend.

Anfahrt Über A7, A27, A28 und A29 nach Wilhelmshaven, Ausfahrt Zetel Richtung L815, an der Gabelung links und der Beschilderung Richtung Westerstede/Neuenburg/Zetel folgen, links auf die L815, dann rechts auf die Bohlenberger Straße/K102 und links auf die Wehdestraße/K102.

Informationen Nordwestdeutsches Schulmuseum, Wehdestr. 97, 26340 Zetel, Tel. 04453/13 81, www.schulmuseum.de. **Preise:** Erwachsene 3,50 €, Schüler (6–18 Jahre) 2 €, Kinder unter 6 Jahren frei, Gruppenführungen (Unterrichtsstunde, ab 10 Personen) 30 € plus Einzeleintrittspreis; Mieten der Grillhütte: bis 3 Std. 50 €, ab 3 Std. 80 €.

Öffnungszeiten 1.4.–31.10.2017: Sa von 14–17 Uhr und So/feiertags von 11–17 Uhr geöffnet; für Gruppen nach Anmeldung auch zu anderen Zeiten.

Register

Indoor Aktivitäten

Outdoor Aktivitäten

VON
TAL
BIS
TIDE
Günstig mit dem Niedersachsen-Ticket
Durchs Harzer Gebirge stiefeln oder barfuß durchs Watt wandern – jetzt einsteigen für **nur 23 € sowie 4 € je Mitfahrer.**
Weitere Ausflugstipps und Tickets unter **www.niedersachsenticket.de**
Ideal für Gruppenreisen
23 € + 4 € + 4 € + 4 € + 4 €
DB
metronom
erixx
NWB transdev
WestfalenBahn
evb
cantus
eurobahn
HEX transdev
national express
ARRIVA
Einfach unterwegs
Das Niedersachsen-Ticket
Ticket gilt innerhalb der Verkehrsverbünde auch in S U Tram BUS und in Osnabrück (Tarifzone 100)

Impressum

Unser komplettes Programm:
www.bruckmann.de

In Zusammenarbeit mit Antenne Niedersachsen: Kathrin Runte
www.antenne.com

Produktmanagement: Claudia Hohdorf
Lektorat: Anette Späth, Breisach
Layout: Eva-Maria Klaffenböck, ww.atelier-luk.de, München
Kartografie: Heidi Schmalfuß, München
Repro: Cromika, Verona
Herstellung: Anna Katavic
Printed in Italy by Printer Trento

Alle Angaben dieses Werkes wurden von den Autoren sorgfältig recherchiert und auf den aktuellen Stand gebracht sowie vom Verlag geprüft. Für die Richtigkeit der Angaben kann jedoch keine Haftung übernommen werden. Für Hinweise und Anregungen sind wir jederzeit dankbar. Bitte richten Sie diese an:
Bruckmann Verlag
Postfach 40 02 09
D-80702 München
E-Mail: lektorat@verlagshaus.de

Bildnachweis: Antiquitäten-Café Schwarmstedt, S.64; Creative Commons by-sa-3.0 de, S.94; Dinosaurier Park Münchehagen, S.34; Einhornhöhle Geopark Harz, S. 6; Erlebnis Zoo Hannover, S.50; Frisia Orientalis, S.120; Heide-BackHaus Hartmann GmbH, S.26; Heidepark Soltau, S. 44; Hundetouren Ridderade, S.78; Kunsthalle Emden S. 183; Magic Park Verden, S.108; Marcus Meyer/Klimahaus® Bremerhaven 8° Ost, S.130; Nordwestdeutsches Schulmuseum S. 187; Phaeno Wolfsburg, S.132; Picture alliance/All Canada Photos, S.160; Picture alliance/Arco Images GmbH, S.40 o.; Picture alliance/dpa, S.122; Picture alliance/dpa, S.124; Picture alliance/dpa, S.126; Picture alliance/dpa, S.24 o.; Picture alliance/Ulrich Stamm S. 38 u.; Picture alliance S.134; Picture alliance/ZB, S.40 u.; Picture alliance/dpa, S.18; Picture alliance/dpa, S.20; Picture alliance/ZB, S.14; Picture-alliance/Bildagentur Huber, S.54; Picture-alliance/dpa, S.60; Picture-alliance/dpa, S.118; Picture-alliance/ZB S.102; Picture-alliance/dpa S.110; Picture-alliance/dpa S.150; Picture-alliance/dpa, S. 36; Pixelio.de Anne Bermüller, S.90; Pixelio.de Dietmar Lehmann, S.166; Pixelio.de Lars, S. 152 o.; Pixelio.de Rudolpho Duba, S.84; Pixelio.de, Klaus Steves, S.136; Pixelio.de/Bredehorn, S.46; Pixelio.de/ Michael Bührke S.172 o.; Pixelio.de/Romses, S.140 o.; Pixelio.de/zaubervogel , S.42; Pixelio.de/angelina.s.k., S.92; Pixelio.de/barbara berger, 162 u.; Pixelio.de/Birgit Winter, S. 48 u.; Pixelio.de/Frank Radel, S.76; Pixelio.de/Hans Snoek S.68; Pixelio.de/Heiko Katenkamp, S.56 o.; Pixelio.de/Helmut J. Salzer, S.164 o.; Pixelio.de/Jens Bredehorn, S.104; Pixelio.de/Klaus Steves, S.66; Pixelio.de/Klicker, S.48 o.; Pixelio.de/Kurt F. Domnik, S.140 u.; Pixelio.de/luise S.162 o.; Pixelio.de/Matthias Bucks, S.56 u.; Pixelio.de/Matthias Lewin/ S.98 u.; Pixelio.de/melle-regi, S.70; Pixelio.de/norbert weiß, S.98 o.; Pixelio.de/Parl, S. 38 o; Pixelio.de/Rainer Klinke, S.86 u.; Pixelio.de/Sabine Weiß, S.30; Pixelio.de/siep-mannH S112; Pixelio.de/Stefan Asal, S.82; Pixelio.de/tom martin, S. 86 o.; Pixelio.de/Torloxten S.74 Ullrich; Pixelio.de/Wolfgang Dirscherl, S.88; Pixelio/Achim Lueckemeyer, S.96; Pixelio/Jan Siepmann _Siepmann GbR, S.16; Planetarium Wolfsburg, S.142; Serengeti Park Hodenhagen GmbH, S. 138; Shutterstock/Edler von Rabenstein, S. 8 o.; Wikimedia /Axel Hindermith, S.10 u.; Wikimedia S.8 u.; Wikimedia/Vic Fontaine S.22 u.; Wikimedia/Alinea, S.114; Wikimedia/andreas-trepte, S.12 u.; Wikimedia/Arnold Plesse, S.148; Wikimedia/AusCelle S.128; Wikimedia/Bin im Garten, S.154; Wikimedia/ Brunswyk S.22 o.; Wikimedia/Daniel Schwen, S.12 o.; ISERHATSCHE/Heidekastell S. 32; Wikimedia/Helfmann, S.10 o.; Wikimedia/Igge, S.170 u.; Wikimedia/Imbissbude, S.156; Wikimedia/Ingo2802, S.146 o.; Wikimedia/Lupus666, S.164 u.; Wikimedia/Michael Gäbler, 152 u.; Wikimedia/ Nifoto S.146 u.; Wikimedia/Ox-fordian Kissuth, S.170 o.; WikimediaHejkal/, S.32 u.; Wikipedia/4028mdk09, S.172 u.; Wikipedia/Columbus, S.24 u.; Wolfcenter Dörverden, S.106; www.niedersaechsische-spargelstrasse.de, S.58

Umschlagvorderseite v.l.n.r.: picture alliance/Ulrich Stamm; picture-alliance/dpa (2 du 4); picture alliance/Arco Images GmbH
Umschlagrückseite v.l.n.r.: Heidepark Soltau; picture-alliance/dpa (2 und 3); picture-alliance/Bildagentur Huber

Die Deutsche Nationalbibliothek verzeichnet diese Publikation in der Deutschen Nationalbibliografie; detaillierte bibliografische Daten sind im Internet über http://dnb.d-nb.de abrufbar.

6. Auflage
© 2017, 2016, 2014, 2013 Bruckmann Verlag GmbH, München
ISBN 978-3-7654-6805-6